# 市《いち》めぐり

編著　タイムマシンラボ

# 市《いち》のはじまり

家内安全や商売繁盛を願う縁起物の市、何百年もの間、台所を支え続けてきた朝市、作家の丁寧な仕事ぶりが光るクラフトマーケット……etc。

日本全国、今日もどこかで、「市」が開かれています。方言が飛び交い、地元の食べ物や工芸品がズラリと並ぶ光景は、見ているだけでも胸が躍ります。

歴史をさかのぼると、お金がまだなかった時代、「市」とは物物交換の場だったそうです。その語源は、「斎（いつく＝神につかえる）」に由来し、役所や寺社、はたまた貴族たちが必要なものを求めてやってきていたという説もあります。平安末期には、月3回開催される「三斎市《さんさいいち》」が全国各地で開かれるようになり、鎌倉時代になると月6回開かれる「六斎市《ろくさいいち》」も登場。やがて、市が開かれていた場所に常設するお店があらわれ、「町」になっていきました。「町」のルーツは「市」にあったのです。

時代は変わり、今ではクラフトマーケットやオーガニックマルシェなど、つくり手の顔が見え、そこに行かなければ出会えない・買えないものを求めて、人は「市」に足を運びます。なんでも簡単に手に入ってしまう時代だからこそ、1年でたった1日、その日にしか手に入らないものを求めたり、つくった人から〝譲り受ける〟ような感覚でお気に入りのものを購入したり。物物交換にはじまった「市」は、今では売り手と買い手のコミュニケーションによって、〝とっておき〟が生まれる場所となっているのです。また、「朝顔市」や「風鈴市」のように、季節を感じられる風物詩であるのも「市」の魅力です。

本書は、旅のついでにちょっと立ち寄りたくなる地方のものから、お散歩ついでに楽しめるものまで日本各地の「市」を詰め込んだガイドブック。

まだ味わったことのないおいしいもの、見たことのない美しいもの、聞いたことのない方言や名前など、ひとつひとつの「市」には、そこでしか経験できない出会いが詰まっています。

明日はどんな「市」が立つのでしょう？

〝とっておき〟を求めて、「市」をめぐってみませんか？

カッチン玉祭（愛知県）／P079　Photo：吉田篤史

# もくじ

## 秋の市（9〜11月）



## 冬の市（12〜3月）

# 日々の市



# CRAFT × FOOD MARKET

日曜市（高知県）／P092　photo：竹村直也（Takemura Design and Planning）

# 市《いち》を楽しむ心得

地元のお母さんたちが元気いっぱいの朝市から、
古くから伝わる縁起物のルーツを教えてくれるお父さん、
そしてひとつひとつの作品に想いを込めた作家さんなど、
「市」の数だけ楽しみ方があります。
ここでは、どの「市」にも共通する
〝知っておきたい〟心得をお教えします。

其の
1

## 市《いち》を満喫するには まず早起きから

朝市や骨董市、クラフトマーケットの多くは朝7時ごろからはじまります。のんびりお昼に到着したときには人気のフードも商品も完売していた……なんてこともしばしば。掘り出し物や、お目当ての品を手に入れたいなら早起きは必須。「市」のほとんどは屋外で開催されているため、日が暮れると店じまいです。ゆっくりと楽しむためには、ちょっと早起きして朝ごはんも「市」でいただくのがオススメです。

其の
2

## お店の人との会話を楽しむ

なんといっても、「市」の魅力はつくり手から直接購入できること。どうやってつくられているのか、モノの背景にどんな物語が隠されているのか、その場で聞くことができます。珍しい野菜のおいしいレシピを教えてもらったり、脈々と受け継がれてきた郷土文化に触れられたり、仲良くなってちょっとおまけをしてもらったり。「これ、どうやって食べる（使う）の？」そんなひと言から、忘れられない出会いが生まれるのです。

## 縁起物の市《いち》は、翌年のお礼参りも忘れずに

年に一度の風物詩となっているのが、商売繁盛、家内安全を願って縁起物を買い求めるお寺や神社の市。縁起物の多くは、1年ごとに新しく買い替えるのが良いとされています。役目を終えた縁起物は、感謝の気持ちを持ってきちんと供養したいもの。お寺や神社には、古い縁起物を納める「納め所」が用意されています。こうやってお礼参りをしていくことで、「市」が毎年の楽しみにもなり、気持ちを切り替えるきっかけにもなってくれます。

其の
3

## 陶器市や骨董市には軍手を！

其の
4

「市」を存分に堪能するには、歩きやすい靴＆動きやすい格好で出かけるのがお約束。とくに陶器市や骨董市では、夢中で掘り出し物を探していると手が真っ黒！ なんてこともあるので軍手は必需品です。また、多くの人で混み合うなか、商品を手に取りやすくするためにも、バッグはリュックが◎。陶器は数を買うと重たくなるので、カートを持参する人も多く見られますが、陶器市によっては会場内に配送サービスを設置している場合もあります。

※本書で紹介する「市」は2015年3月現在のものです。

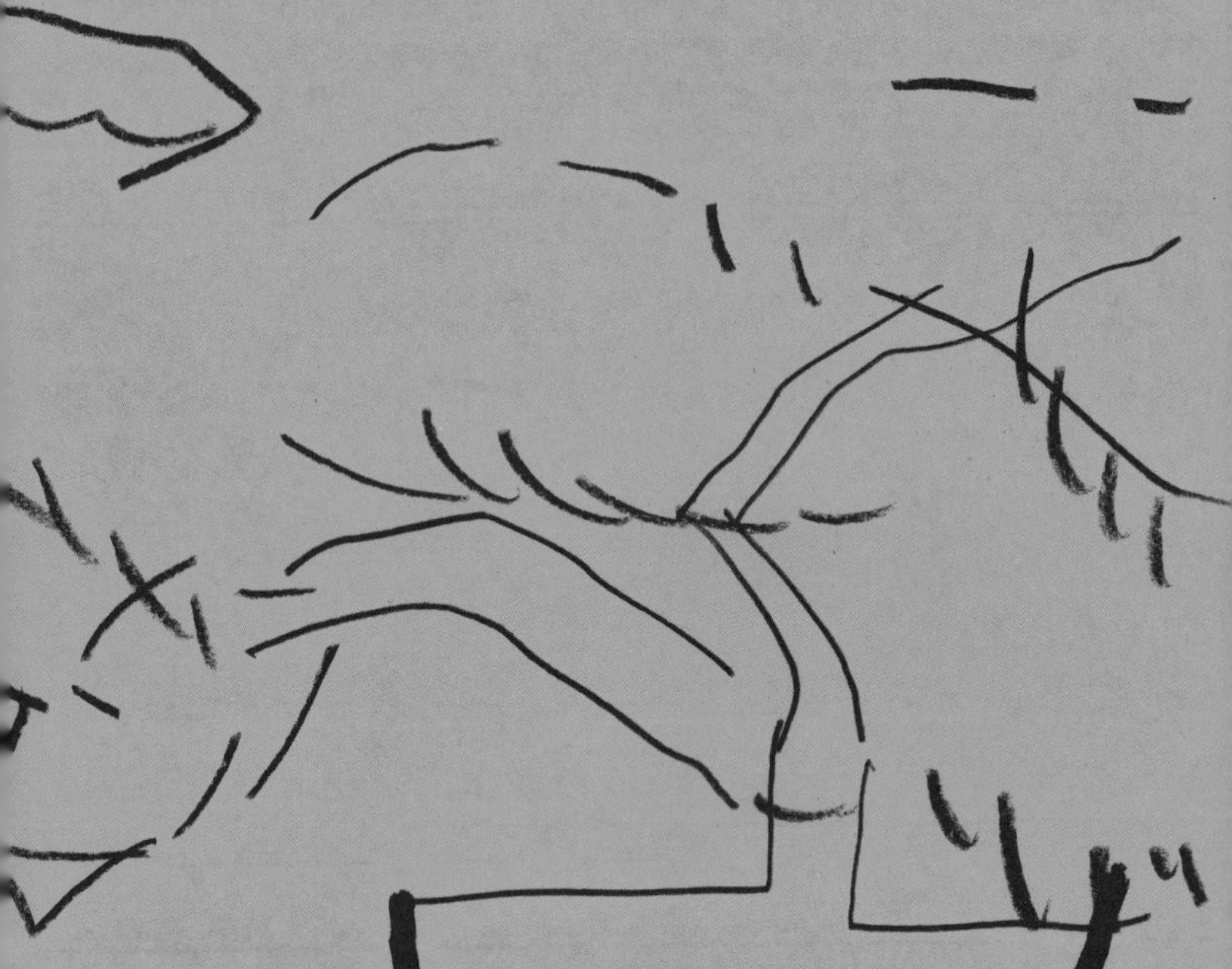

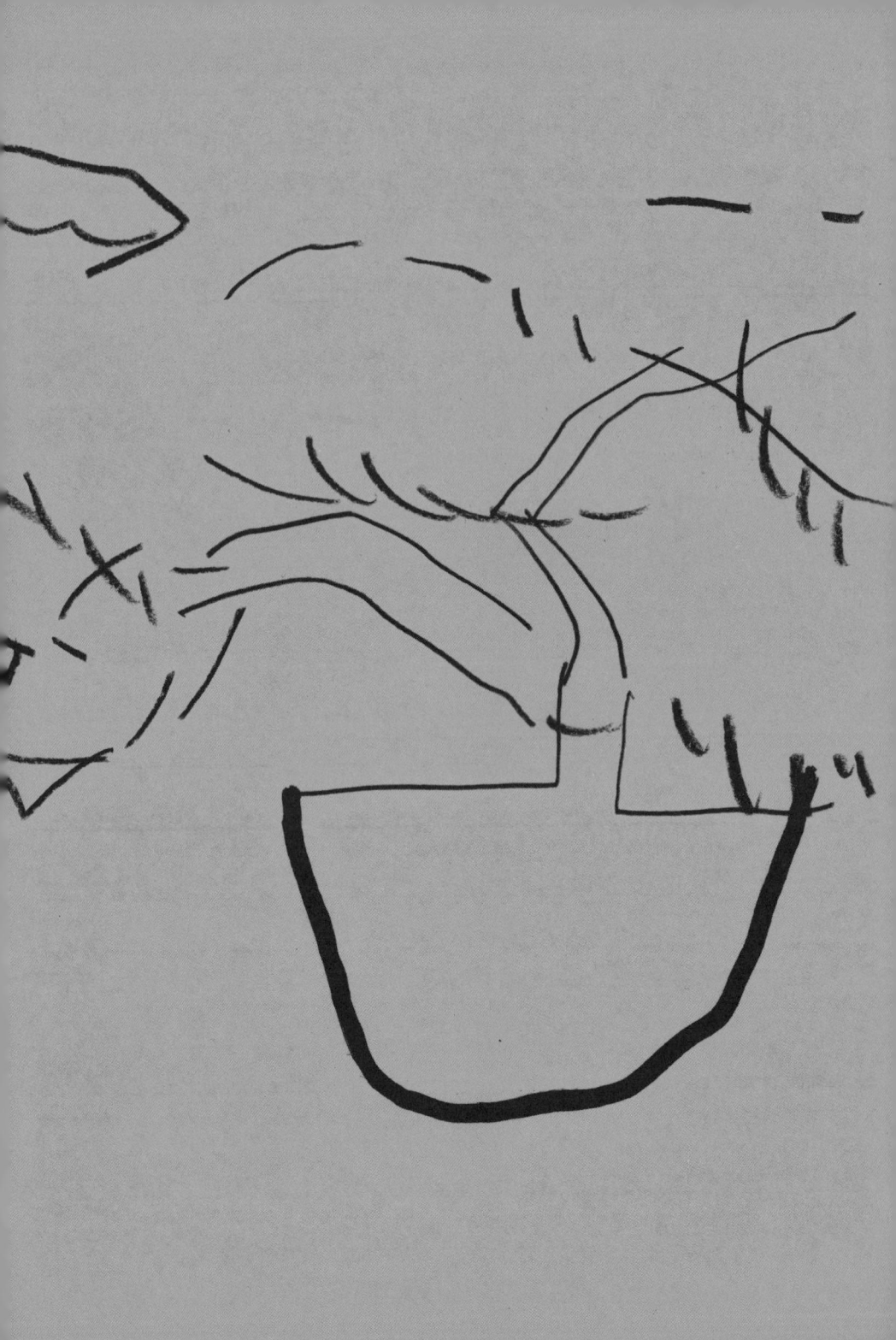

# 春の市

（4～6月）

桜の花が咲き、日の光もあたたかくなる春。
日本各地では陶器市や植木市、
盆栽市などの市が開かれます。
とくに陶器市は、窯元めぐりを楽しむチャンス。
ちょっとした旅気分で
遠方の市へと足を運びたくなります。

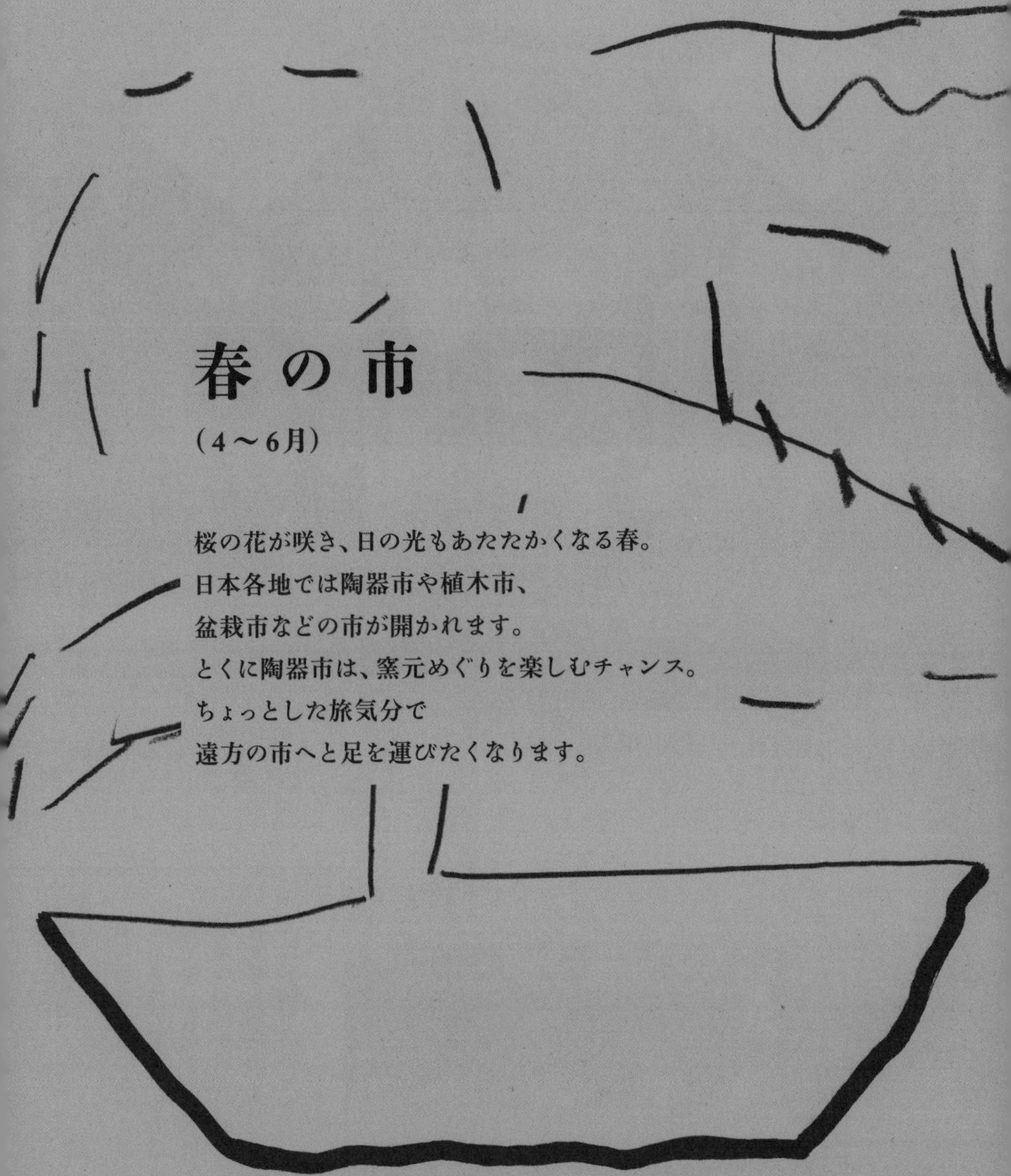

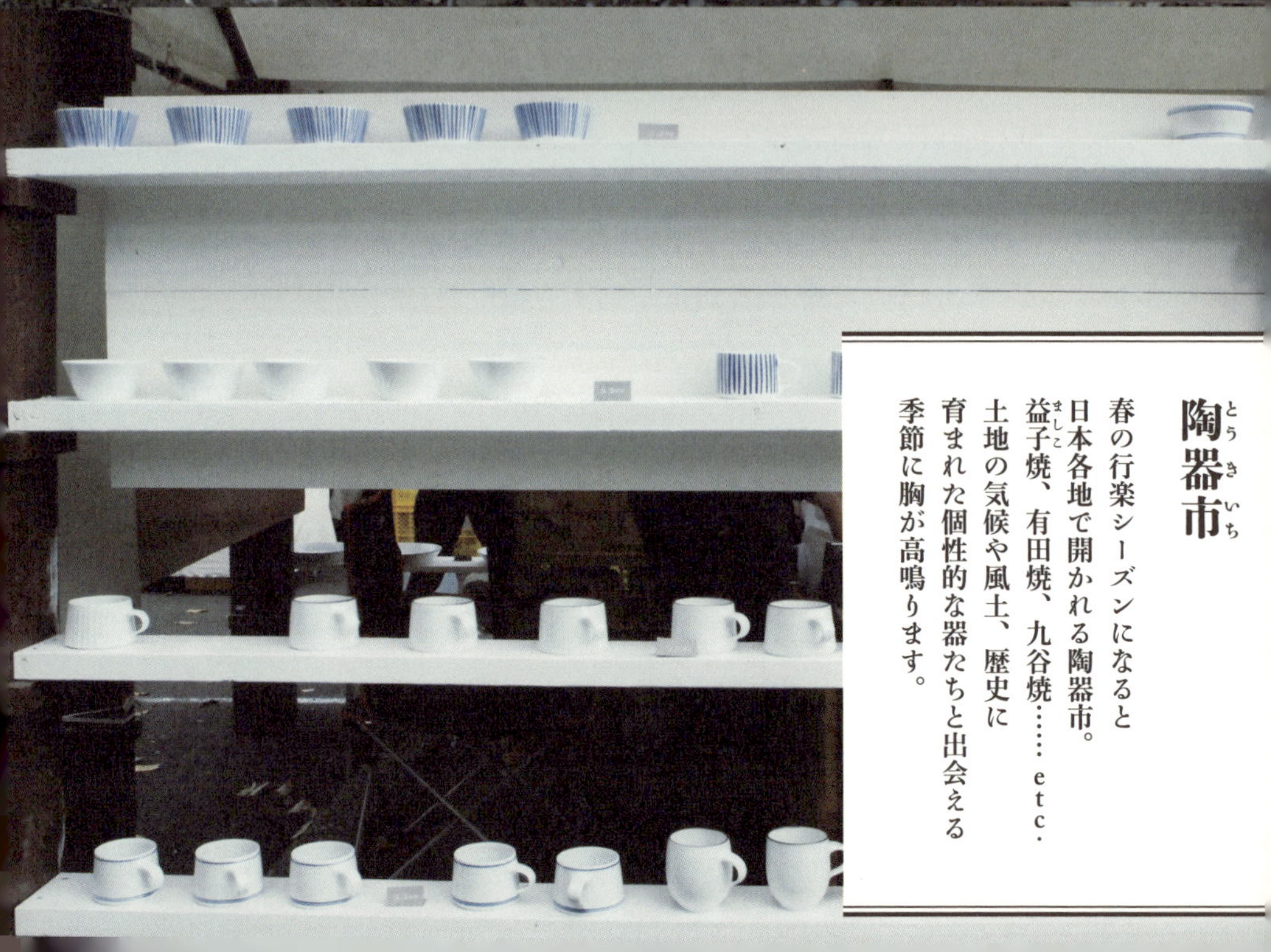

# 陶器市《とうきいち》

春の行楽シーズンになると
日本各地で開かれる陶器市。
益子《ましこ》焼、有田焼、九谷焼…… etc.
土地の気候や風土、歴史に
育まれた個性的な器たちと出会える
季節に胸が高鳴ります。

# 4月

栃木県 芳賀《はが》郡 益子《ましこ》町

# 益子《ましこ》春《はる》の陶器市《とうきいち》

## 訪れる人を陶器ファンにする新進気鋭の陶芸作家たち

　優れた陶土に恵まれ、江戸時代末期から益子焼の産地として発展してきた栃木県・益子町。現在でも、約260もの窯元や、ベテランから若手まで多くの陶芸作家がここに窯を構えています。

　毎年春・秋に行われる「益子陶器市」は、陶器好きが心待ちにしている一大イベント。東京から高速バスで日帰りできるアクセスの良さもあり、60万人もの人が訪れます。

　大通りの両サイドには、切れ目なく露店が並び、あふれんばかりの人で大にぎわい。約500ものテントが立ち並ぶ会場は町全体におよぶため、1日ですべてを見るには、かなり急ぎ足でまわらなければなりません。作家さんとのおしゃべりや、好みの器との出会いを楽しむなら、お目当ての会場を決めてめぐるのがオススメです。

　益子をはじめ、全国各地から新進気鋭の陶芸作家さんが多数参加することも「益子陶器市」の魅力。ここでお気に入りの器を見つけ、すっかり陶器好きになってしまう人も少なくありません。個性豊かな作品を探すなら、「見《けん》目陶苑《もくとうえん》 KENMOKUテント村」「路地裏テント」「かまぐれの丘」「陶芸メッセ遺跡広場」は要チェック。展示会や、限られたお店でしか出会えない作品たちが各会場に集まっています。

　伝統的な技法をベースにしつつも、今の暮らしに合わせて創意工夫を凝らした作品たちのなかには、見たことのない色合い・質感のものもあります。それらが一体どんなふうにつくられているのか、技法についても直接作家さんから教えてもらえるので自然と器への興味も広がっていきます。こうして手に入れたものは、きっと日々使っているときにも心地良さを感じるはず。だからこそ、はじめて訪れた人も家路につくころには「次はどんな器と出会えるかな？」と「陶器市」の虜になってしまうのです。

陶器市タイムスリップ

⇦「益子陶器市」のルーツ

益子町の中心にある「益子焼窯元共販センター」は、売店・ギャラリー・陶芸教室を兼ね備え、1966年にオープン。これを機に、窯元とともに「益子陶器市」が開催されるようになりました。

Spring
01
TOCHIGI
Haga-gun

◎DATA／**開催日**：毎年ゴールデンウィーク（開催日はwebサイトにて公開）、11月3日前後には「益子 秋の陶器市」開催　**場所**：益子町各所　栃木県芳賀郡益子町　**アクセス**：真岡鐵道「益子駅」より徒歩15分、北関東自動車道真岡ICより車で約25分　☎0285-70-1120【益子町観光協会】 http://blog.mashiko-kankou.org/　◎MEMO／東京・秋葉原から笠間、益子行きの高速バス（片道2,000円）もあります。

益子骨董村

益子
新そ

photo：東出桂奈（P018-019）

上／高台にある「陶芸メッセ遺跡広場」は、益子の作家さんも多く出店。芝生もあるのでゆっくりランチ休憩にも。　下／益子焼の伝統を受け継ぎながら、モダンに仕上げる陶芸作家・佐々木康弘さんの器。

左／足下に置かれた、お値打ち価格のワケあり品が入った箱も見逃せません。

大小さまざまな
ハニワまで
販売!!

白いテントが並ぶ「見目陶苑（けんもくとうえん）KENMOKUテント村」。人気若手作家さんや、益子を代表する作家さんが出店。

# 「益子春の陶器市」のおかいもの

**鉄錆釉鎬《てつさびゆうしのぎ》カップ＆ソーサー**

マットな黒と、ゆるやかなライン状の鎬（しのぎ）がなんともモダンで美しい。愛知県の陶芸作家・加藤智裕さんのもの。

**ガラスのような陶器皿**

「音屋・nakagawa」中川洋子さんの作品。型に泥漿（でいしょう）を流しこんでつくられたものだそう。薄く、ガラスのような手ざわり。

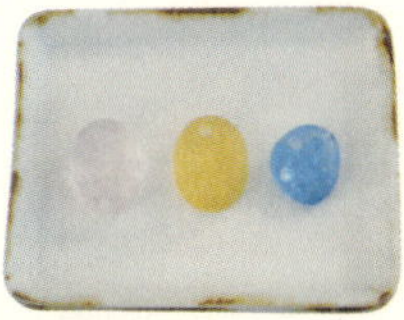

**ドロップの箸置き**

茨城県に工房を構える「音屋・nakagawa」のドロップ型でつくられた箸置き。色も質感も本物のドロップのようでたまらない。

**吉祥文様の箸置き**

松竹梅にツルや梅など、吉祥文様が描かれた箸置き。お客さんのなかには、帯留めとして使う人もいるのだとか。

**益子焼の豆皿**

値段が手頃な豆皿は、はじめて訪れる人にも買いやすい。お皿としてはもちろん、アクセサリー置きとして使っても◎。

**ロバの鍋**

ロバが描かれたかわいらしい土鍋は、シチューなどの煮込み料理にピッタリ。アンティークのような風合いも魅力。

## 市のおまけ

**江戸時代から続く「日《ひ》下《げ》田《た》藍染工房」**

寛政年間（1789～1801年）に建てられた紺屋「日下田邸」。現在も藍染が行われ、藍甕（あいがめ）に藍汁が注がれています。

**益子最大規模の現役登り窯**

開窯140年以上もの歴史を誇る窯元「大誠窯（だいせいがま）」では、益子最大規模の現役登り窯を見学できます（無料）。

4月

愛知県
瀬戸市

# せと陶祖《とうそ》まつり

## 瀬戸物が生まれた街でよりどりみどり

陶磁器を表す〝瀬戸物《せともの》〟を生んだ瀬戸焼。この瀬戸の陶器づくりの礎を築いた陶祖・藤四郎(加藤四郎左衛門景正)の遺徳をしのぶお祭りとして、「せと陶祖まつり」は1962年にはじまりました。

この2日間は、陶祖供養をはじめ、御物奉献行列《ぎょぶつほうけんぎょうれつ》、せと窯元直販処など、瀬戸市内でさまざまな行事が行われます。なかでも、日常食器から雑貨商品までがお値打ち価格で購入できる「せともの楽市」は、若手陶芸作家作品の即売もあり、掘り出しものを求めて約10万人もの人でにぎわいます。また、絵付け体験や、お皿作りなどの体験プログラムも各所で行われ、市内一帯が瀬戸焼にまつわるイベントで盛り上がります。

⇧御物奉献行列《ぎょぶつほうけんぎょうれつ》

陶磁器業界代表者らが袴や巫女姿で練り歩く大行列。「陶物(すえもの)」と呼ばれるやきものを献上する儀式です。

◎DATA

**開催日**:4月第3土曜・日曜日
**場所**:陶彦神社ほか市内各所　愛知県瀬戸市深川町11　**アクセス**:名鉄瀬戸線「尾張瀬戸駅」より徒歩10分　☎0561-82-3123【大せともの祭協賛会】 http://www.seto-marutto.info

◎MEMO

開催中は市内一帯で瀬戸焼にまつわるイベントが多数開催されています。

Spring
03
IBARAKI
Kasama-shi

# 4月

茨城県
笠間市

# 笠間《かさま》の陶炎祭《ひまつり》

**陶器だけじゃない！**
**陶芸家たちがグルメも提供**

200を超える笠間焼の窯元や陶芸家が集まる「笠間の陶炎祭《ひまつり》」。1982年に個人作家、製陶所、販売店の垣根を超えて有志が集まり、出店者36人ではじまりました。会場づくりから当日の運営まで、何もないところからはじめた陶器市。現在でも個性が際立つ出店が多いのも、一から自分たちでつくり上げる流れを踏襲しているからかもしれません。陶芸家による「土面オークション」や小学生による「土面フェスティバル」ほか、各種企画展やろくろ体験なども開催しています。

会場の中央に設けられたステージでは、特別講座やクイズイベント、ライブなども行われ、フード&ドリンクを味わいながら観覧できます。

**⇧笠間焼作家の「手作り飲食店」**

陶芸家たちによる飲食店も名物。器づくりのように、丁寧に工夫を凝らした料理が人気です。

◎DATA

**開催日**：4月29日～5月5日　**場所**：笠間芸術の森公園イベント広場　茨城県笠間市笠間2345　**アクセス**：JR水戸線「笠間駅」より車で約5分、徒歩で約30分、自転車で約10分

☎0296-73-0058【笠間焼協同組合】

http://www.himatsuri.net

◎MEMO

期間中の祝日・土日限定で、笠間と益子を結ぶワンコインバスも運行。

Spring
04
GIFU

# 4月

岐阜県
多治見市

## たじみ陶器《とうき》まつり

**日々の器に、陶器の湯たんぽも**

国内の陶磁器生産量の半数をも占めるという美濃焼の廉売市。多治見駅から徒歩10分の大通りに軒を連ねた会場にはスタンプラリー、体験教室、大道芸、グルメひろばなどのイベントもあり、親子で楽しめます。

◎DATA／**開催日**：4月第2土曜・日曜日　**場所**：多治見橋南 本町オリベストリート周辺　岐阜県多治見市本町5丁目ほか　☎0572-25-5588

Spring
05
TOKYO

# 4月

東京都
墨田区

## すみだガラス市《いち》

**国内唯一、ガラス製品だけの市**

ガラス工場で熟練の職人がつくる伝統的工芸品「江戸硝子《ガラス》」が並ぶ、東京下町ならではの市。日常で使える器やグラスの掘り出し物のほか江戸切子や理化学ガラスなども。錦糸町駅近くにて春と秋の年2回開催。

◎DATA／**開催日**：4月第3土曜・日曜日、10月第1土曜・日曜日　**場所**：大横川親水公園　東京都墨田区亀沢4-18　☎03-3631-4181【東部硝子工業会】

Spring
06
SAGA

# 4月

佐賀県
西松浦郡
有田町

## 有田《ありた》陶器《とうき》市《いち》

**繊細で華やかな絵付にうっとり**

日本三大陶器まつりのひとつといわれ、約4㎞にもわたって店舗が並ぶ大陶器市。有田焼で知られる陶磁器の町・有田にて毎年ゴールデンウィークに開催されています。期間中には臨時列車「有田陶器市号」も。

◎DATA／**開催日**：4月29日〜5月5日　**場所**：JR「上有田駅」〜「有田駅」の間　佐賀県西松浦郡有田町　☎0955-42-4111【有田商工会議所】

Spring
07
NAGASAKI

# 4月

長崎県
東彼杵《ひがしそのぎ》郡
波佐見《はさみ》町

## 波佐見《はさみ》陶器《とうき》まつり

**モダンなデザインが人気**

波佐見焼は染付と白磁を主流とした磁器。丈夫で壊れにくいだけでなくデザイン性に優れたブランドも増えています。「波佐見《はさみ》陶器まつり」にはここに本社がある白山《はくさん》陶器をはじめ、約130の窯元・商社が出店。

◎DATA／**開催日**：4月29日〜5月5日　**場所**：やきもの公園広場ほか　長崎県東彼杵郡波佐見町井石郷　☎0956-85-2214【波佐見焼振興会】

Spring 08
YAMAGUCHI

5月

山口県
萩市

# 萩焼《はぎやき》まつり

**茶人に愛される器を求めて**

約50の萩焼の窯元や販売店が集まる大即売市。やわらかで素朴な風合いが特徴の萩焼が並ぶほか、ろくろ体験や特産品の販売なども。「萩焼まつり」とあわせ、美しい町並みが続く萩の城下町めぐりもオススメ。

◎DATA／**開催日**：5月1日～5日　**場所**：萩市民体育館　山口県萩市大字椿3395-1　☎0838-25-3333【萩商工会議所】

Spring 09
MIE

5月

三重県
伊賀市

# 新緑《しんりょく》伊《い》賀《が》焼《やき》陶器《とうき》市《いち》

**緑豊かな伊賀の里で選ぶ器**

奈良時代より歴史の続く伊賀焼は野性味と自然美が特徴的。「新緑伊賀焼陶器市」は、伊賀焼の老舗窯元・長谷園《ながたにえん》の窯だし市に合わせ開催。約30軒の窯元・陶芸作家の作品即売や陶芸体験などを行っています。

◎DATA／**開催日**：5月2日～4日　**場所**：伊賀焼伝統産業会館施設および駐車場　三重県伊賀市丸柱169-2　☎0595-44-1701【伊賀焼伝統産業会館】

Spring 10
ISHIKAWA

5月

石川県
能美市

# 九谷《くたに》茶碗《ちゃわん》まつり

**鮮やかな色絵を堪能**

赤・黄・緑・紫・紺青の「五彩」を基調とした九谷焼。産地の能美市で開かれる「九谷茶碗まつり」は、高級品から普段使いまであらゆる種類の九谷焼が並びます。各窯元をめぐる工房めぐりもオススメ。

◎DATA／**開催日**：5月3日～5日
**場所**：九谷陶芸村　石川県能美市泉台町南22
☎0761-58-6656

Spring 11
FUKUOKA

5月

福岡県
朝倉郡
東峰村

# 春《はる》の民陶《みんとう》むら祭《まつり》

**窯元めぐりで町を歩く楽しみも**

約400年の歴史を持つ古窯である高取焼と、バーナード・リーチにも称賛された民窯の小石原焼の大陶器市。点在する約50の窯元をめぐり、窯出しされたばかりの陶芸家の新作を心待ちにする人も。

◎DATA／**開催日**：5月3日～5日　**場所**：小石原焼伝統産業会館　福岡県朝倉郡東峰村大字小石原730-9
☎0946-74-2121

Spring
12
TOKYO
Koutou-ku

資料提供：江東区広報広聴課

4
月

東京都
江東区

# 香《か》取《とり》神社《じんじゃ》の植《うえ》木《き》市《いち》

## お花見とあわせて行きたい 元祖・植木市

「スポーツ振興の神」としても知られる亀戸の香取神社。東京の東に位置する亀戸駅から徒歩10分、境内からは東京スカイツリーが眺められます。

春の植木市は歴史が深く〝植木市の元祖〟といわれるほど。江戸時代後期に神社の苗木を氏子に分けていたのがはじまりとされ、1884年に植木市と名が付けられました。参道や境内には色鮮やかな草花や庭木、盆栽が並び、観賞用はもちろん実がなり食べられるものなどさまざまな種類の植木が揃います。市価に比べて1～2割ほど安く、園芸用の土や肥料などの販売も行われています。花見の時期にも重なり、桜が見頃を迎える境内。この3日間は多くの参拝客でにぎわいます。

市の
イチオシ

↑勝矢祭《かちやさい》

勝矢祭を盛り立てるためにはじまったという植木市。5月5日に行われる勝矢祭では鎧兜などを身に着けた武者行列が行われます。

◎DATA

**開催日**：4月3日～5日　**場所**：香取神社　東京都江東区亀戸3-57-22
**アクセス**：JR総武線「亀戸駅」から徒歩10分　☎03-3684-2813
http://katorijinja.jp

◎MEMO

ゆっくりと植木を選びたいなら花見客が訪れる前の早朝がオススメ。

Spring 13
KANAGAWA

4月

神奈川県
中郡大磯町

## 高来神社植木市《こうらいじんじゃうえきいち》

### にぎわう市と神様の休み時間

神社の参道には植木のほか、屋台も並びにぎわいを見せる植木市。市の間、御霊を静かな山の上社で仮宿させることに由来し、神輿をかつぎ急斜面を登る「山神輿」とともに「高麗寺祭《こうらいじまち》」にて開かれます。

◎DATA／**開催日**：4月中旬
**場所**：高来神社　神奈川県中郡大磯町高麗2-9-47
☎0463-61-1146

Spring 14
SAITAMA

5月

埼玉県
さいたま市

## 大盆栽《だいぼんさい》まつり

### 一度は訪れたい盆栽の市

6つの盆栽園と大宮盆栽美術館のある盆栽のメッカにて開催される「大盆栽まつり」。100店以上もの盆栽や盆器の出店や名品盆栽の展示、市民の盆栽展などが出展し、毎年10万人以上が訪れています。

◎DATA／**開催日**：5月3日～5日　**場所**：盆栽四季の家周辺　埼玉県さいたま市北区盆栽町　☎048-663-3899【大盆栽まつり実行委員会・藤樹園】

Spring 15
TOKYO

5月 6月

東京都
台東区

## 浅間神社《あさまじんじゃ》植木市《うえきいち》

### 初夏を彩る〝お富士様の植木市〟

梅雨時、浅草・柳通りを中心に植木の露店が並び、緑豊かな風景が現れます。富士山を信仰する浅間神社の例祭日は富士山山開きの7月1日。その縁日とされる合計4日間、植木市が開かれます。

◎DATA／**開催日**：5月・6月最終土曜・日曜日
**場所**：浅草富士浅間神社　東京都台東区浅草5-3-2
☎03-3844-1575

Spring 16
TOKYO

6月

東京都
西東京市

## 梅《うめ》の市《いち》

### 梅だらけの小さな市

6月の1と6の付く日に開かれる「梅の市」では大・中・小とさまざまな大きさや色の梅が並びます。梅干しや梅酒など、それぞれの用途にあった豊富な種類の梅がキロ単位で安価に購入できます。

◎DATA／**開催日**：6月6日・11日・16日・21日・26日
**場所**：田無山総持寺　東京都西東京市田無町3-8-12
☎042-461-0044

Spring
17

TOKYO
Minato-ku

photo:中島有矢

6月

東京都
港区

# 千日詣《せんにちまい》り
# ほおづき縁日《えんにち》

## 千日分のご利益のある日に健康を祈願

社殿前に用意された茅《ち》の輪《わ》をくぐり、参拝することで千日分のご利益があるといわれる「千日詣り」。この両日には、まだ赤くなる前の青いほおずきの実で境内が彩られます。その昔、境内で自生していたほおずきを飲むと、子どもの癇《かん》や婦人病に効くと評判がありました。

愛宕《あたご》神社は各所で開かれている「ほおずき市」の発祥ともいわれ、お祓い済みのほおずきを受けると特別に社殿でお祓いをしてもらえます。6月24日には中祭式も行われ、自分の厄を移した人形《ひとがた》を神社に納め、半年間の厄を祓う行事も行われます。ちなみに、愛宕《あたご》神社境内へと続く急な階段は「出世の石段」と呼ばれ、出世にご利益があると人気なのだそう。

市の
イチオシ

⇧ほおずきのお守り（健康・結実御守）

殻がふたつに開き赤い実がのぞく、ほおずき形のお守り。健康祈願のお守りとして「千日詣り」の期間のみ販売。

◎DATA

**開催日**：6月23日～24日　**場所**：愛宕神社　東京都港区愛宕1-5-3

**アクセス**：東京メトロ日比谷線「神谷町駅」より徒歩5分、東京メトロ銀座線「虎ノ門駅」より徒歩8分、都営三田線「御成門駅」より徒歩10分

☎03 - 3431 - 0327　http://www.atago-jinja.com

◎MEMO

ほおずきは売り切れ次第終了。午前中に訪れるのがオススメです。

photo :From East 2005

コラム

まるで毎日が市!?

# かっぱ橋道具街®

お値打ち品が放出される「かっぱ橋道具まつり」は毎年秋に開催。物産フェアも行われ、ご当地グルメも堪能できる。

## 食器、調理器具、包装紙……etc.<br>食にまつわるすべてが揃う

今や海外からの旅行者にも大人気のスポット「かっぱ橋道具街®」。入口にある「ニイミ洋食器店」ビルの巨大なコックさんに象徴されるように、ここは“食”の専門商店街です。あらゆる国の調味料や調理器具、食器など、約800 mにわたり専門店が並ぶその様子は、目にするものすべてが新鮮。さながら毎日開かれている道具市のよう。

「かっぱ橋道具街®」は大正元年に古道具商人たちが店を出したことがはじまりとされ、現在のように“食”の専門店が集まりはじめたのは関東大震災以降。その多くが昭和20年代からここで店を構えています。店内に一歩足を踏み入れると、なつかしい気持ちになるのは、内装やディスプレイに当時の面影を残しているからかもしれません。

1983年から毎年開催されている「かっぱ橋道具まつり」は、各店のオススメアイテムを格安で購入できるチャンスとあって、40万人もの来場者が訪れる一大イベント。アーケードは掘り出し物を求める人で埋め尽くされます。

⇨ かっぱ橋道具街®

東京都台東区松が谷3-18-2
（東京合羽橋商店街振興組合）
TEL：03-3844-1225
アクセス：東京メトロ銀座線「田原町駅」より徒歩5分、東京メトロ日比谷線「入谷駅」より徒歩6分
http://www.kappabashi.or.jp/

# かっぱ橋道具街® カタログ

食品サンプルやお菓子の包み紙など、「かっぱ橋道具街®」で見つけた乙女ゴコロをくすぐるアイテムをご紹介します。

思わずガブリと食べてしまいそうなトースト（3,024円）。

（左から）ブルーベリーアイスのキーホルダー（1,296円）、レモンピン（972円）、クリームソーダのキーホルダー（1,296円）。

創業70余年の食品サンプル専門店

⇧まいづる

（本店）東京都台東区西浅草1-5-17
TEL：03-3843-1686
営業時間：9:00～18:00（無休）
（支店）東京都台東区西浅草1-5-14
TEL：03-3841-2521
営業時間：9:00～18:00（日・祝日休）
http://www.maiduru.co.jp/

手に持った質感も本物そっくりなゼリーのバラ（各864円）。

シャリッとした紙質がたまらないホットドック袋（100枚入り292円）。

コースターはメッセージカードにも（100枚入り1,836円）。

包むものならおまかせあれ

どこかなつかしいバラのおしぼり（1000枚入り702円）。

⇧本間商店

東京都台東区西浅草2-6-5
TEL：03-3844-5124
営業時間：9:00～17:30（日・祝日休）
http://www.honma-store.jp/

封筒にも使えるクレープ袋（100枚入り864円）。

こんなものも発見!!

製菓用品専門店でウェディングケーキトッパーを発見。

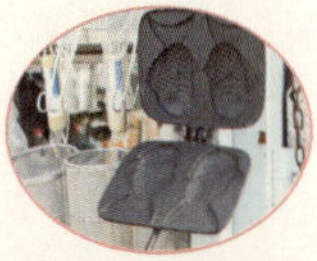

店頭にディスプレイされていたレトロなたい焼き器。

1950年から変わらない「スワン」のかき氷機。

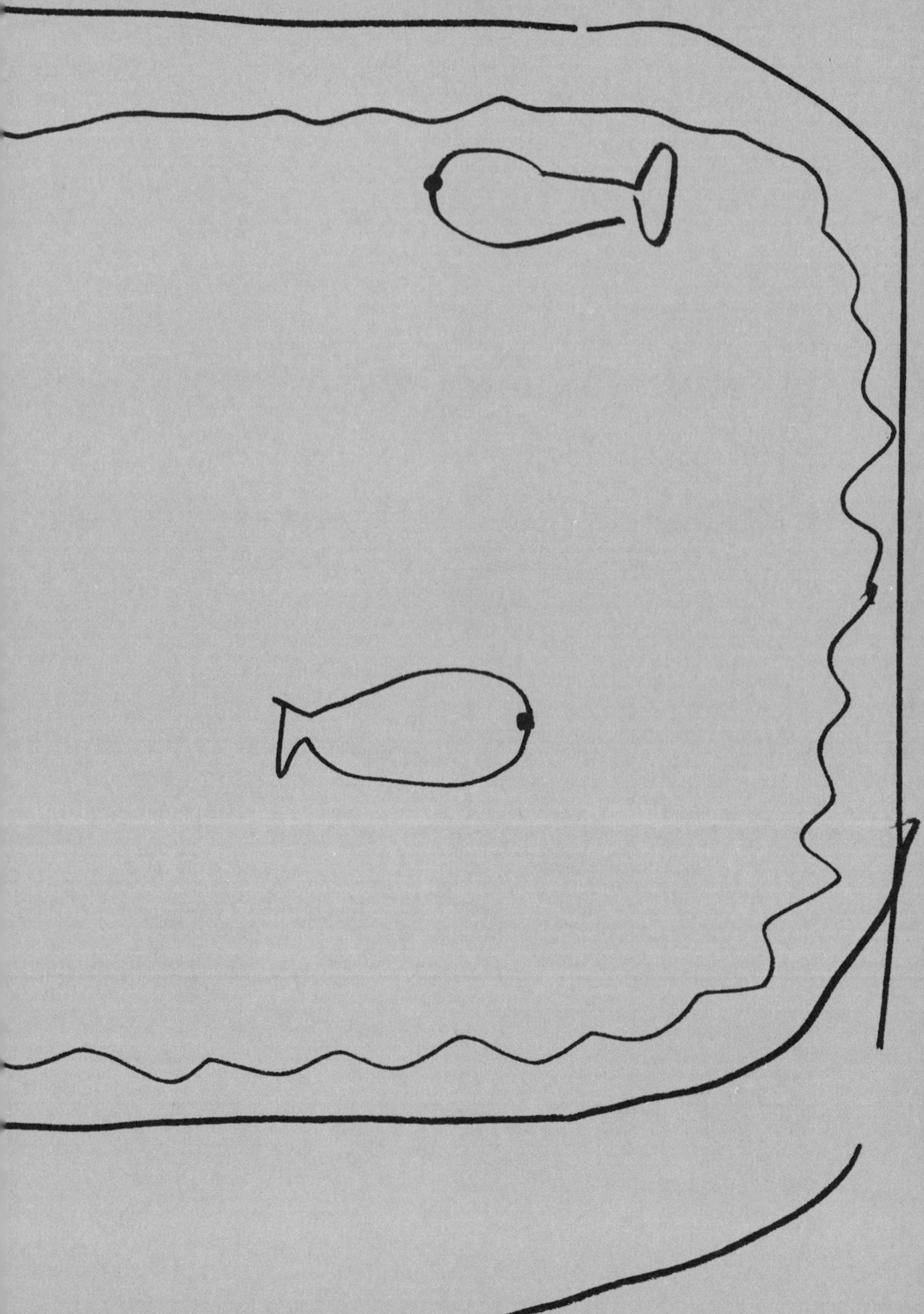

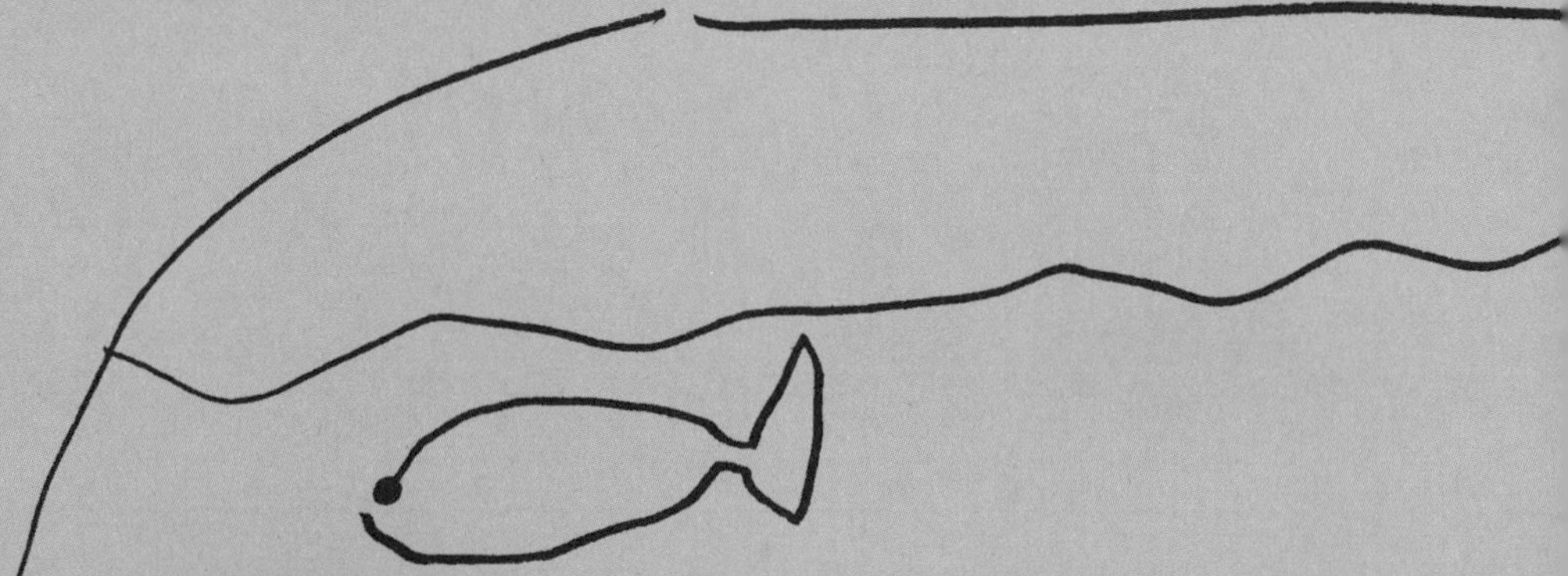

# 夏の市

（7〜8月）

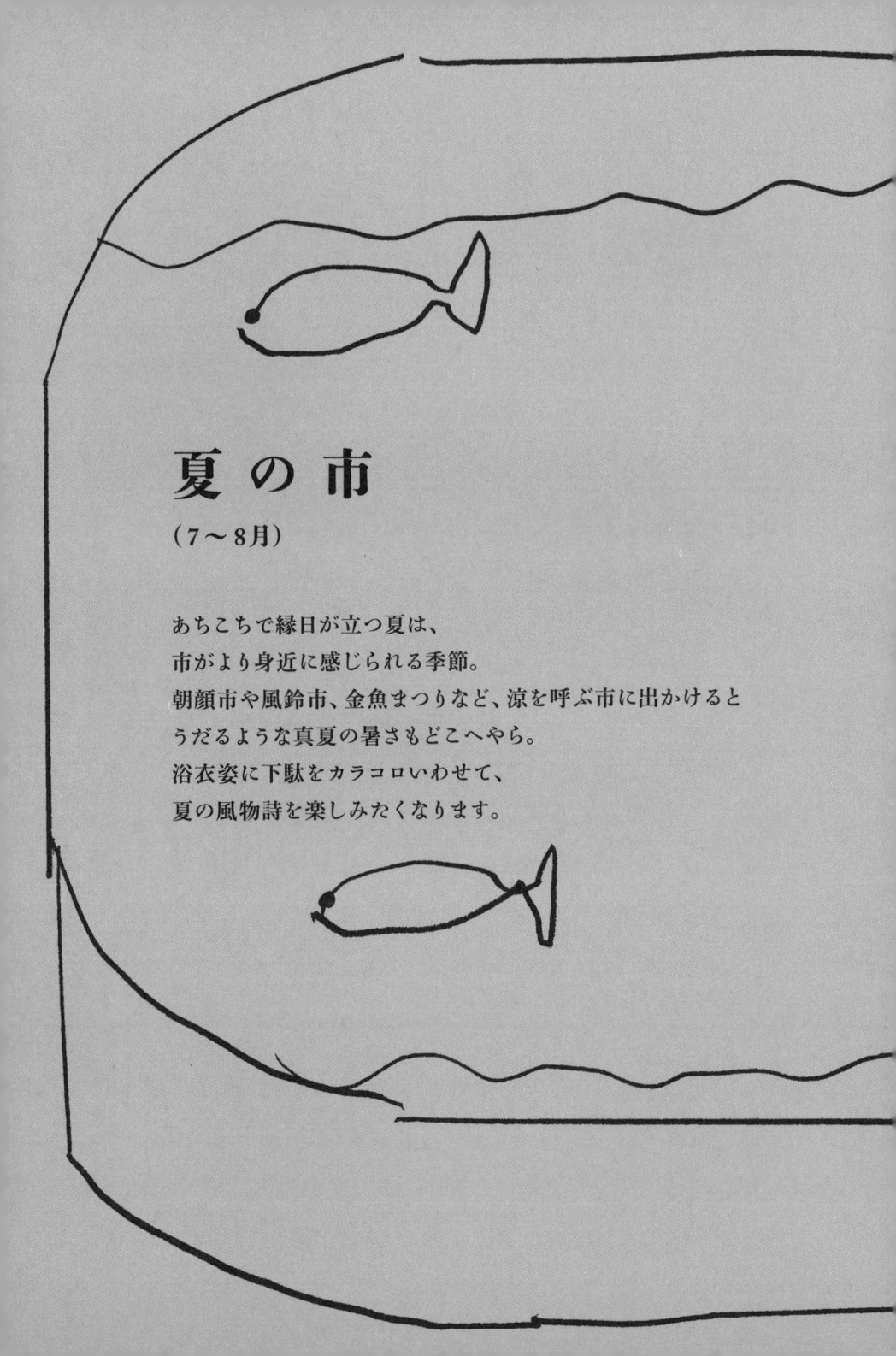

あちこちで縁日が立つ夏は、
市がより身近に感じられる季節。
朝顔市や風鈴市、金魚まつりなど、涼を呼ぶ市に出かけると
うだるような真夏の暑さもどこへやら。
浴衣姿に下駄をカラコロいわせて、
夏の風物詩を楽しみたくなります。

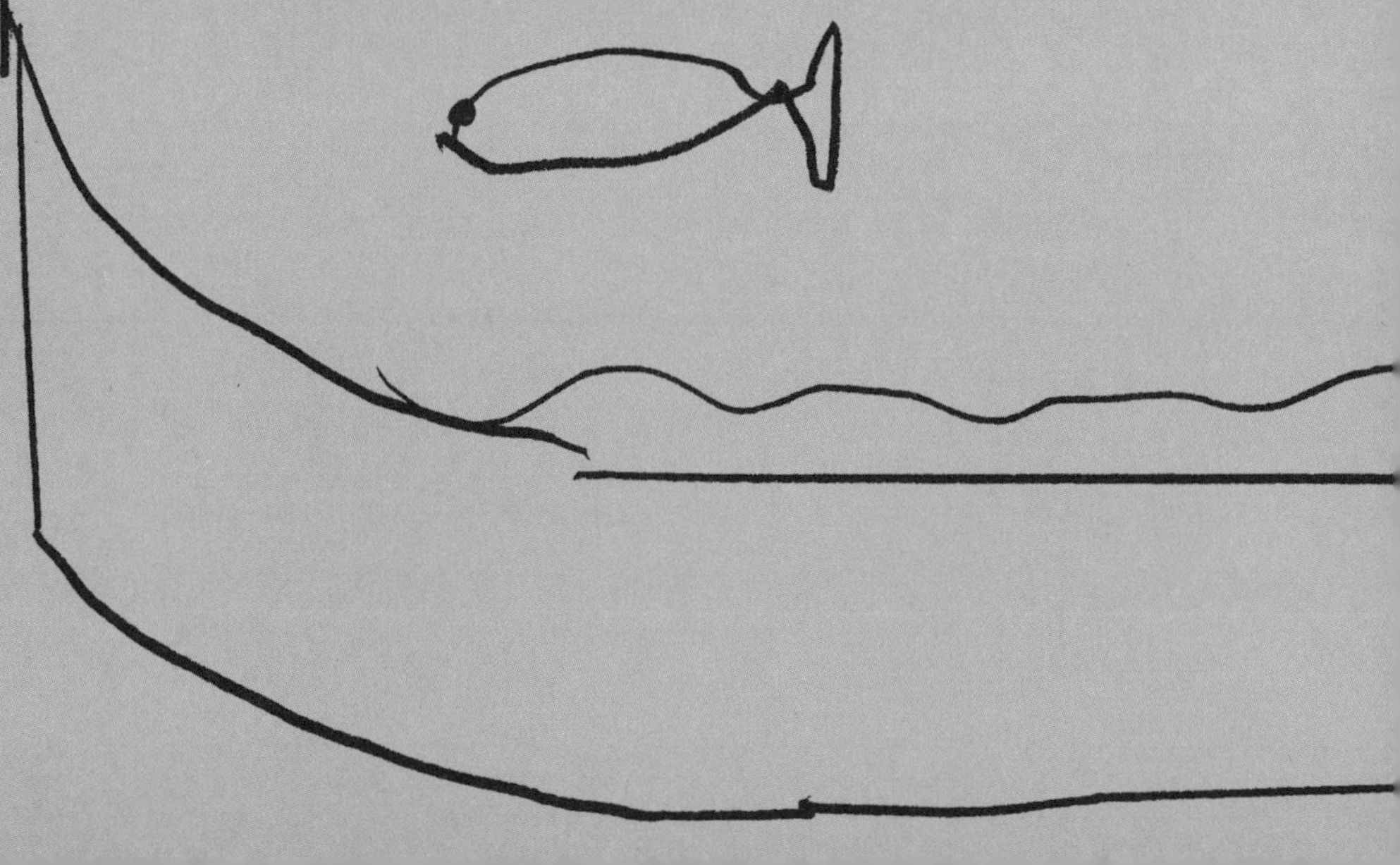

資料提供：台東区

# 7月

東京都
台東区

# 入《いり》谷《や》朝《あさ》顔《がお》まつり
（朝顔市）

## 約２００ｍにおよぶ朝顔通りが出現

１２０軒もの朝顔業者が並び、40万人が訪れる「入谷朝顔まつり」は、東京に夏の到来を教えてくれる風物詩。

ここ入谷は、明治初期から大正にかけて朝顔の栽培で知られる場所でした。しかし、時代とともに徐々に朝顔を栽培する植木屋は姿を消し、１９１３年に最後の１軒も廃業。その後、戦後のすさんだ世の中を盛り上げようと１９４８年に復活をとげたのが現在の「入谷朝顔まつり」です。

色とりどりの朝顔は、白い筋が入った「曜白《ようじろ》」、星型の花を咲かせる「桔梗」、高級感のある「団十郎」など、立派なものばかり。購入する朝顔の種類を決めたら、お店の人に状態の良い鉢を選んでもらうのが◎。

市の
イチオシ

**⬆ 朝顔のお守り**

入谷鬼子母神ではこの日だけ特別に朝顔のかたちをしたお守りを授与。火打石でお祓いをして手渡してもらえます（大800円／小400円）。

◎DATA

**開催日**：7月6日～8日 5:00～23:00ごろ **場所**：入谷鬼子母神 東京都台東区下谷1-12-16 **アクセス**：JR「鶯谷駅」より徒歩3分、東京メトロ日比谷線「入谷駅」より徒歩1分
☎03-3841-1800 http://www.kimcom.jp/asagao/

◎MEMO

比較的涼しく、混雑する前の早朝に行くのがオススメ。朝顔鉢の値段は平均2,000円前後。

資料提供：台東区

Summer
02

SAITAMA
Chichibu-shi

7月

埼玉県
秩父市

# あめ薬《やく》師《し》縁《えん》日《にち》

## 眼の守り本尊にて、雨の季節に飴を売る

慈眼寺《じげんじ》に祀られる、眼の守り本尊として有名な薬師如来の縁日。お寺の前の道「聖人通り」は歩行者天国に。金魚すくい、かき氷、焼きそばなど多くの露店が並び、名物「薬師のあめ」も売られます。

「あめ薬師」は、季節がら雨の縁日になることが多く「雨薬師」、またかつての名物「ぶっかき飴」から「飴薬師」とも呼ばれます。「眼」にご利益があることから、大きな文字で「め」と書かれた絵馬には「目が良くなりますように」「芽が出ますように」と多くの願いがかけられます。慈眼寺にある多量のお経を積んだ「輪蔵《りんぞう》」は、関東には数ヵ寺しかない貴重なもの。この輪蔵を回転させるとご利益があるといわれています。

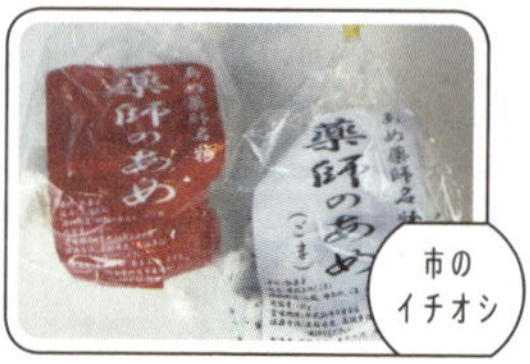


**⇧ぶっかき飴**

大きな飴の固まりを、ナタでひと口サイズにかき割ることから付いた「ぶっかき飴」。現在は「薬師のあめ」として販売されており、薬師縁日の名物となっています。

◎DATA

**開催日**：7月8日　**場所**：慈眼寺《じげんじ》境内および東町商店街　埼玉県秩父市東町26-7　**アクセス**：西武鉄道「西武秩父駅」より徒歩5分、秩父鉄道「御花畑駅」より徒歩3分　☎0494-23-6813【慈眼寺】 http://www.city.chichibu.lg.jp/3010.html

◎MEMO

慈眼寺の前を通る「聖人通り」には数十件もの出店がズラリと並びます。

**7**
月

東京都
江戸川区

# 江戸《えど》川《がわ》区《く》特産《とくさん》金魚《きんぎょ》まつり

## 国内有数の品質を誇る美しい金魚たち

夏を彩る赤や金色、白、黒の金魚たち。水中を泳ぐ華々しい色彩に思わず目を奪われます。「金魚まつり」が行われる水源が豊富な江戸川区は明治末期より金魚の養殖が盛んで、その品質も国内トップクラス。「金魚まつり」では琉金《りゅうきん》、東錦《あずまにしき》、キャリコ、ランチュウ、オランダシシガシラなど生産者自慢の金魚が20種類以上も展示・即売されます。そのほか水生動物、飼育器具、えさなどの販売や飼育相談も行っています。子どもだけでなく、大人も夢中になってしまう金魚すくいも人気。

また、地場産業コーナーには朝採れの新鮮な野菜や、江戸風鈴などの伝統工芸品、小松菜の焼酎やアイスなど江戸川区の特産品も並びます。

⇧**キンギョリンピック**

2日間で2万匹もの金魚が用意される1回500円の高級金魚すくいや、名物キンギョリンピック（金魚すくい選手権）も。

◎DATA

**開催日**：7月第3土曜・日曜日　**場所**：江戸川区立行船公園　江戸川区北葛西3-2-1　**アクセス**：東京メトロ東西線「西葛西駅」より徒歩10分、都営地下鉄新宿線「船堀駅」より徒歩15分　☎03-5662-0539【江戸川区産業振興課農産係】 http://www.city.edogawa.tokyo.jp/kingyo/

◎MEMO

会場では、金魚のほか江戸川区産物や伝統工芸品の販売も。

Summer
04
KANAGAWA
Kawasaki-shi

7月

神奈川県
川崎市

# 川崎大師風鈴市《かわさきだいしふうりんいち》

## 日本各地から集まった数万の風鈴が涼風を呼ぶ

　北は北海道から南は沖縄まで全国47都道府県から900種類、3万個の風鈴が一堂に集まる風鈴市。薩摩切子などのガラス、益子焼、九谷焼、美濃焼などの陶器、そのほか鉄や竹、プラチナなど各地方のさまざまな素材の風鈴が吊り下がる風景は圧巻です。参道の店先にもたくさんの風鈴が掛かり、涼しい音色が響きます。

　だるまをかたどった川崎大師オリジナルの「厄除だるま風鈴」は、その年の干支を記したものも限定で販売。川崎大師で祈祷された、透明のだるま風鈴には日にち限定先着で名前を入れられるサービスもあります。浴衣を着た踊り子による音頭や祝い唄の踊り込みも繰り広げられ、祭の雰囲気を一層盛り立てます。

市のイチオシ

**⬆厄除開運だるま風鈴守**

「厄除だるま風鈴」が小さくなり、そのままお守りに。赤か白の2色で1躰800円の限定授与。

◎DATA

**開催日**：7月17日～21日　**場所**：川崎大師境内特設会場（大山門横静嘉堂石庭前広場）　川崎市川崎区大師町4 - 48　**アクセス**：首都高速道路大師ICより車で約5分（自動車祈祷殿併設駐車場まで）、京急大師線「川崎大師駅」より徒歩8分　☎044 - 266-3420【川崎大師平間寺】
http://www.kawasakidaishi.com/

◎MEMO

会場には古くなった風鈴を納める「風鈴納め所」も設置されています。

Summer
05
TOKYO

7月

東京都
台東区

## 四《し》万《まん》六《ろく》千《せん》日《にち》ほおずき市《いち》

**鮮やかなほおずきが境内を彩る**

浅草寺境内に約100軒以上ものほおずきの露店が軒を連ねる、下町の風物詩。実の青い薬用の「千成ほおずき」や、実の赤い観賞用の「丹波ほおずき」が風鈴付きで2000円~2500円で売られています。

◎DATA／開催日：7月9日・10日　場所：浅草寺　東京都台東区浅草2-3-1　☎03-3842-0181　http://www.senso-ji.jp/

Summer
06
TOKYO

7月

東京都
府中市

## すもも祭《まつり》

**夏の訪れを告げるすももの香り**

すもも販売の露天が立ち並ぶ「すもも祭」。その起源は源頼義・義家父子が戦勝御礼詣りをした際、すももを供えたことに由来。この日だけ、五穀豊穣・悪疫防除の「からす団扇」「からす扇子」が授与されます。

◎DATA／開催日：7月20日　場所：大國魂神社　東京都府中市宮町3-1　☎042-362-2130　https://www.ookunitamajinja.or.jp/

Summer
07
HOKKAIDO

7月

北海道
小樽市

## 小樽《おたる》がらす市《いち》

**どこかなつかしい〝硝子の街〟**

会場となるのは、北海道最古の鉄路が残る旧国鉄手宮線。なつかしい風景の中、100個もの風鈴が涼しげな音色を奏で、全国でも最大規模の40以上の硝子店が立ち並びます。硝子の実演や制作体験なども。

◎DATA／開催日：7月最終金・土・日曜日　場所：旧国鉄手宮線　小樽市色内1-15　☎0134-32-4111　http://www.city.otaru.lg.jp/kankou/event/glass_market/

Summer
08
GIFU

8月

岐阜県
高山市

## 馬《ば》頭《とう》の絵《え》馬《ま》市《いち》

**火の用心祈願の紙絵馬**

高山市では、8月の縁日に江戸大火で主君を救った飛騨国高山城主の愛馬「山桜」をしのび、紙絵馬を玄関に貼る風習があります。紙絵馬は千円＝一千万両、一万円＝一億万両と独自の方法で取引されます。

◎DATA／開催日：8月1日～15日　場所：山桜神社　岐阜県高山市本町2-65　☎0577-32-2550【高山本町会商店街振興組合】

# 8月

京都府
京都市

# 五条坂《ごじょうざか》陶器《とうき》まつり

## 清水焼の都で大正時代から続く市

清水焼発祥の地・五条坂。普段から陶芸店が軒を連ねるこの通りが、約350もの出店でにぎわう陶器まつり。清水焼をはじめ、若い陶芸家たちのお店も多数集まります。お値打ち品を探したり、作家たちと陶芸談議に花を咲かせたりと、約40万人の焼物ファンが訪れます。

「五条坂陶器まつり」は大正時代、お盆に「六道珍皇寺《ろくどうちんのうじ》」や「大谷本廟《おおたにほんびょう》」へお参りに行き交う人々に向け、安価で陶器を売っていたのがはじまり。坂の中頃にある若宮八幡宮社（通称・陶器神社）の祭礼が同時期に行われるため、神輿巡行も見物です。また会場近くには近代陶芸の巨匠・河井寛次郎の記念館も。陶芸のまちを散策しながら楽しめます。

市の
イチオシ

**⇧陶器神社の神輿巡行**

陶器が飾り付けられた神輿。若宮八幡宮社は陶祖神・椎根津彦大神が合わせ祀られていることから「陶器神社」と呼ばれています。

◎DATA

**開催日**：8月7日〜10日　**場所**：五条通（川端通から東大路通までの両側歩道）　京都府京都市東山区　**アクセス**：京都市市バス「五条坂」下車すぐ、京阪電車「清水五条駅」すぐ　☎075-541-1192【京都・五条坂陶器まつり運営協議会】　http://www.toukimaturi.gr.jp

◎MEMO

連日午前9時〜午後10時まで開催。

Summer
**10**

**KYOTO**
Kyoto-shi

# 8月

京都府
京都市

# 下鴨《しもがも》納涼《のうりょう》古本《ふるほん》まつり

**木漏れ日が美しい**
**鎮守の森に本と人が集う**

都市のなかの自然林、世界遺産としても知られる「糺《ただす》の森《もり》」で、さまざまなジャンルの古書80万冊以上が並ぶ古本市。約17店の若手古本屋が運営する京都古書研究会、通称・古書研が主催。約6万人もの人が訪れ、京都の三大古本まつりとして人気を博しています。

古書研発足当時の「子どものころから本を好きになってほしい」という願いもあり、会場には1万冊以上の児童書が集まるコーナーも。絵本、図鑑、伝記、物語などが充実し、子どもや孫への贈り物を探す大人たちの姿も見られます。歌あり読み聞かせありの「絵本ライブ」や昔懐かしい紙芝居など、子どもも楽しめるイベントも盛りだくさん。

⬆ **街頭紙芝居**

トン、トトンと和太鼓の拍子とともにはじまる街頭紙芝居。紙芝居師団体「三邑会（さんゆうかい）」による昔ながらのその語り口に、大人も釘付け。

◎DATA
**開催日**：8月11日～16日　**場所**：下鴨神社糺の森　京都府京都市左京区下鴨泉川町59　**アクセス**：京阪電鉄「出町柳駅」より徒歩8分、JR京都駅から市バス（4番・205番）「新葵橋」もしくは「糺ノ森」より徒歩約3分　☎075-231-2971【其中堂】
http://www1.kcn.ne.jp/~kosho/koshoken/

夏祭りのお楽しみ

# 縁日の市

photo：原田真理（P040-041）

乙女心をくすぐってやまない、ツヤツヤのイチゴ飴。ひと口サイズで食べやすいのも嬉しい。

子どもたちに大人気のチョコバナナ。カラフルなコーティングに思わず足が止まります。

果物に水飴をからめたあんず飴。ゲームで当たりが出るともうひとつおまけしてもらえる。

男子が夢中になるのがこの射的。大人でも意外と難しいので、お父さんが白熱していることも。

少し前にはどこの縁日でも見かけた金魚すくい。最近は金魚を持ち帰らない人も多いそう。

## 神様と縁を結ぶ市

夏祭りの楽しみは、なんといっても参道に並ぶ縁日の屋台。縁日とは、神様や仏様のいわば記念日。この日に参詣すると普段以上にご利益があると信じられてきました。縁日には神社やお寺で祭礼が行われるため、たくさんの人が集まります。やがてそこで物物交換や商売がはじまり、縁日に市が立つようになりました。歌川広重の錦絵『大日本六十余州名勝図会』からも当時のにぎわいをうかがうことができます。

夏祭りは先祖の霊を祀るお盆の時期に行われますが、縁日は夏だけではありません。たとえば、薬師は8日と12日、観音は18日、天神は25日、不動は28日と毎月決まっています。お散歩がてらぶらりと神社やお寺をのぞいてみると、縁日市が開かれているかもしれません。

『大日本六十余州名勝図会　江戸　浅草市』歌川広重
資料提供：国立国会図書館

縁日の花形

# 飴細工のつくり方

道行く人を釘付けにするのが、ハサミひとつで
あっという間に動物や植物をつくってしまう飴細工。
その職人技を紹介します。

### 1. 水飴を練って玉状に

飴細工の材料は水飴。約80℃にあたためた水飴をツヤが出るまでこねて、ピンポン玉のような丸いかたちに。

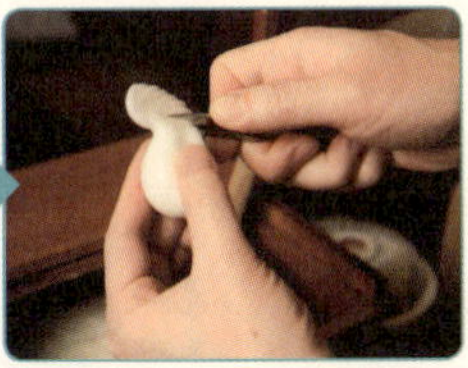

### 2. ハサミで羽をつくる

右側をつまんで伸ばし、ハサミでチョキチョキ。この段階でわずか30秒あまり。もう羽らしきフォルムが。

### 3. 反対の羽をつくる

次に左側をつまんで伸ばし、再びハサミで羽のディテールをつくる。開始から40秒ほどで両方の羽が完成。

### 4. つまんで顔をつくる

両方の羽の間をキュッとひとつまみすれば、なんと首と顔に！ ここまでくれば何ができるかわかるはず。

### 5. 顔を描く

食用色素を使ってくちばしと目を描く。カラフルな飴細工をつくるときは、最初から色素を飴に練り込むのだそう。

### 6. 完成！

2分ほどで白鳥が完成！ 難易度はハサミを入れる数で決まり、一人前になるには5年ほどかかるのだとか。

市以外でも、いつでも飴細工が見られます！

**↑あめ細工 吉原**

東京都文京区千駄木1-23-5 巴ビル1階
☎03-6323-3319
営業時間：12:00〜19：00（実演販売受付18：00まで）
定休日：月・火曜日（祝日は営業）
http://ame-yoshihara.com/shop/aboutshop.html

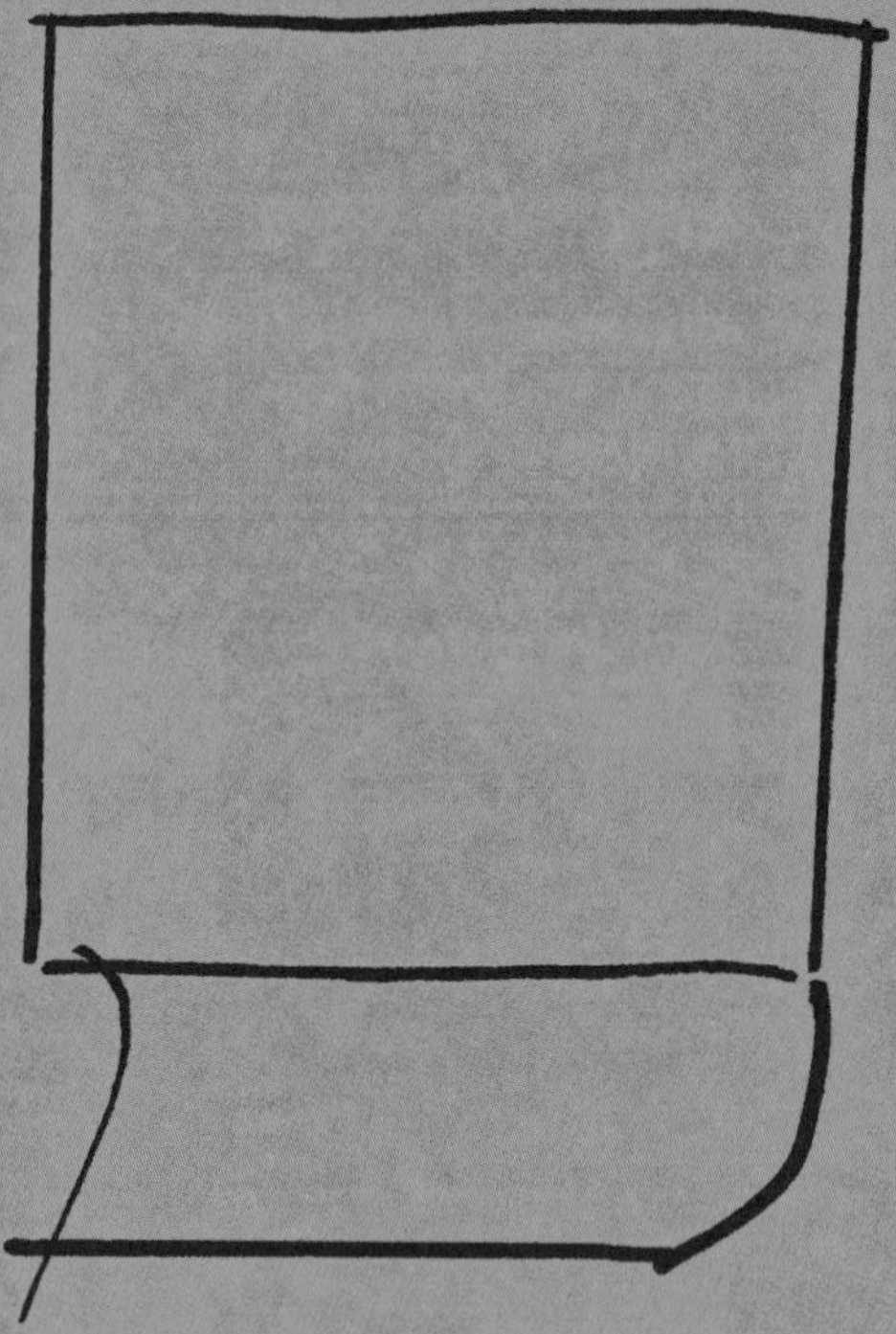

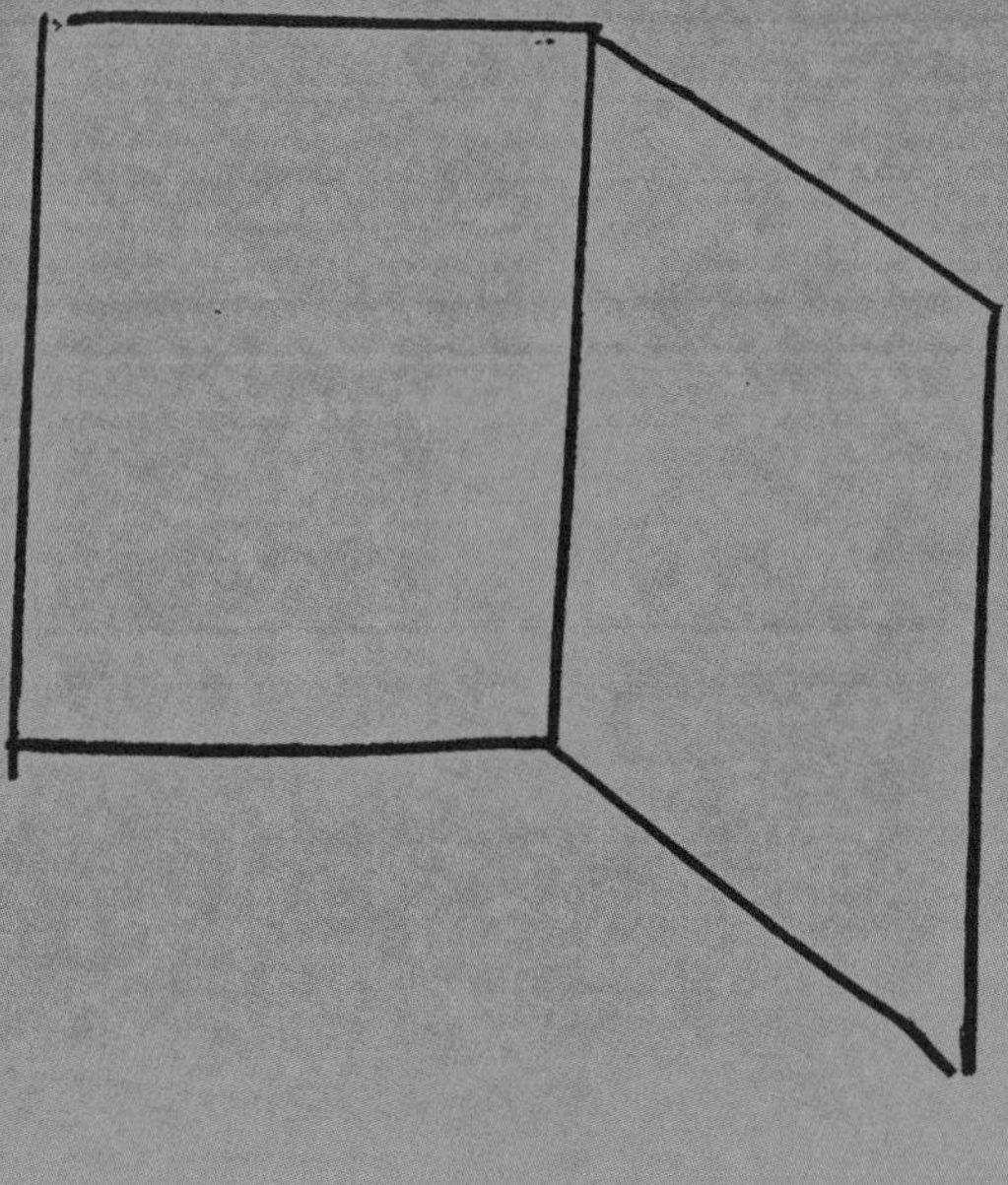

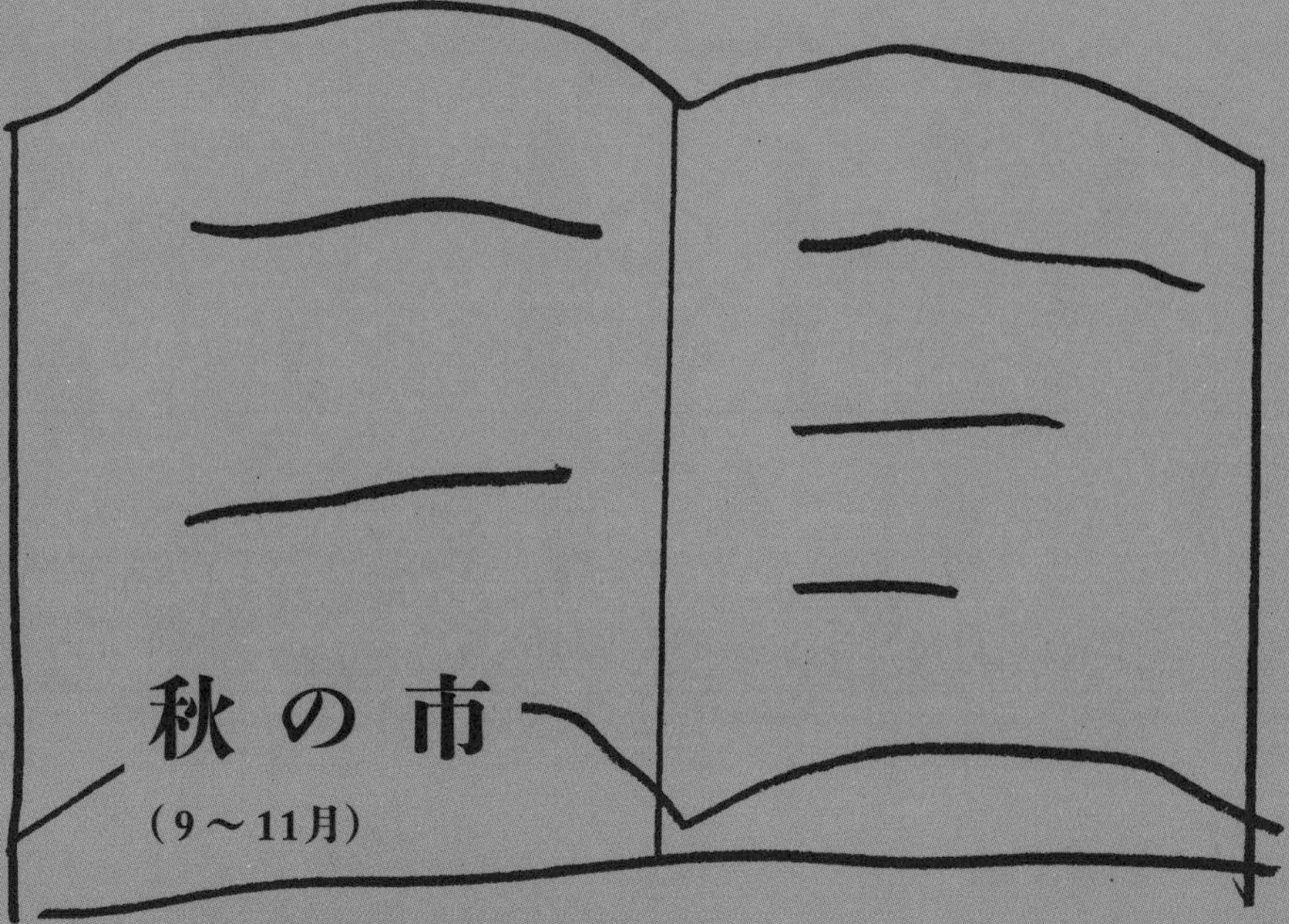

# 秋の市

（9～11月）

食欲の秋、読書の秋、芸術の秋。
「全国こけし祭り」や「神田古本まつり」など、
市にもそれぞれの秋がやってきます。
秋たけなわの散歩日和に、ふらりと市に立ち寄れば
きっと胸を躍らせるものとの出会いがあります。

Autumn
01
MIYAGI
Osaki-shi

# ９月

宮城県
大崎市

# 全《ぜん》国《こく》こけし祭《まつ》り

## 全国各地の伝統こけしが集合

　奥州三名湯のひとつに数えられ、鳴子《なるこ》温泉郷の中心部にある鳴子温泉。ここは、全国的に有名な鳴子こけしの産地でもあります。「こけし通り」と名付けられた商店街には、ズラリと愛らしいこけしたちが並び、ポストや公衆電話にいたるまで、まちのあちこちでこけしが出迎えてくれるのです。

　そんな〝こけしのまち〟で日本各地の伝統こけしが勢ぞろいする「全国こけし祭り」がはじまったのは１９４８年のこと（当時は「鳴子こけし祭り」。１９５３年より名称変更）。全国こけし祭コンクール入賞作品展示や、絵付け体験、こけし展示・即売などが行われ、会場となる鳴子小学校体育館はこけしファンの熱気に包まれます。

**⇧こけしづくりを目の前で**

会場では、こけし工人による製作実演披露も。目の前でロクロ挽きされる木から、美しいシルエットのこけしが誕生する様に目が釘付けです。

◎DATA

**開催日**：9月第1土曜日とその翌日
**場所**：大崎市立鳴子小学校体育館・鳴子温泉街　宮城県大崎市鳴子温泉湯元29　**アクセス**：JR「鳴子温泉駅」より徒歩約5分、東北自動車道古川ICより車で40分　☎0229-82-2026

◎MEMO

開催中は、日本こけし館が入館料無料になるほか、温泉神社では「こけし奉納式」も執り行われます。

右／張りぼてこけしが鳴子温泉街を練り歩く「フェスティバルパレード」は必見。日が暮れた温泉街に大きなこけしが浮かび上がります。　下／こけしに魅せられた愛好家たちでにぎわう鳴子小学校体育館。鳴子が誇る伝統的工芸品・鳴子漆器の販売も。

## コンクール入賞作に見る こけしあれこれ

### 弥治郎《やじろう》系こけし

ベレー帽のような大きな頭に、着物を表現した胴の模様が特徴の弥治郎系こけし。新山真由美氏作。国土交通大臣賞受賞。

### 蔵王高湯《ざおうたかゆ》系こけし

オカッパの黒頭が特徴の蔵王高湯系こけし。60年にわたり、こけし制作に携わる岡崎幾雄氏作。厚生労働大臣賞受賞。

### 鳴子《なるこ》系こけし

「清新かつ芳醇なこけし」と称され、文部科学大臣賞・全国こけし祭り会長賞を受賞。鳴子町生まれのこけし工人・桜井昭寛氏作。

## 市のおまけ

### こけし型ポストも登場!!

鳴子郵便局前には、こけし型ポストが2014年に登場。大切なあの人への手紙を、こけしがしっかりと届けてくれます。

### もしもし！ こけし電話ボックス

大崎市鳴子総合支所には、こけしのかたちをした電話ボックスがあります。鳴子温泉を訪れたなら必ず行きたい撮影スポットです。

Autumn
02
TOKYO
Akiruno-shi

9月

東京都あきる野市

# しょうが祭《まつ》り（二宮神社秋季例大祭）

## 生姜《しょうが》を抱えた人たちが参道を行き交う

露店や境内にて、葉や根の付いた生姜が束になって売られる二宮神社の秋期例大祭。二宮神社では例大祭に地域でとれた生姜や里芋、牛の舌の形をした餅（舌餅）などを奉納する習慣がありました。そのことから生姜が風邪予防や厄除け、縁起物として販売されるようになったそう。無病息災を祈願し買い求める人も。

1日目は山車《だし》や太鼓の町内巡行、2日目の例大祭では神輿の宮出しと宮入りを行います。地元の子どもたちによる神輿や和太鼓演奏、奉納芸能などが繰り広げられ、日が暮れると、神輿は石段を慎重に上り、宮入り。その後、境内につくられた舞台では農村歌舞伎「秋川歌舞伎」の奉納がはじまります。

**↑秋川歌舞伎**

東京都指定無形文化財に指定されている「秋川歌舞伎」。子どもから大人まで数十人が所属する「あきる野座」による舞台は東京で唯一の農村歌舞伎です。

◎DATA

**開催日**：9月8日～9日　**場所**：二宮神社　東京都あきる野市二宮2252

**アクセス**：JR五日市線「東秋留駅」より徒歩5分　☎042-558-5276

◎MEMO

二宮神社は勝負の神様ともいわれ、例大祭では「軍配うちわ」も授与。

Autumn 03
AICHI

9月

愛知県
瀬戸市

## せともの祭《まつり》

**町中がせとものでにぎわう**

茶碗や平皿など、日常で使える食器や雑貨が販売される「せともの大廉売市」ほか市内中がイベント盛りだくさん。磁器の製法を九州から瀬戸に伝えた磁祖・加藤民吉《かとうたみきち》の遺徳を讃える産業祭としてはじまりました。

◎DATA／**開催日**：9月第2土曜・日曜日　**場所**：名古屋鉄道尾張瀬戸駅周辺および瀬戸市内　愛知県瀬戸市　☎0561-82-3123【大せともの祭協賛会】

Autumn 04
AICHI

9月

愛知県
瀬戸市

## 来《く》る福《ふくまね》招き猫《ねこ》まつり in 瀬戸《せと》

**100の招き猫が大集合**

陶磁器をはじめ絵画や織物、木彫など多種多様な招き猫が集まる「にっぽん招き猫100人展」は必見。陶器製の招き猫弁当箱に入ったランチのほか〝来《く》る福《ふく》〟で929匹の招き猫が展示され、まさに猫づくし。

◎DATA／**開催日**：9月29日直近の土曜・日曜日　**場所**：瀬戸蔵　愛知県瀬戸市蔵所町1-1周辺ほか　☎0561-85-2730【瀬戸市まるっとミュージアム・観光協会】

Autumn 05
SAGA

9月

佐賀県
杵島《きしま》郡
大町町

## 大町《おおまち》ソウケ市《いち》

**手づくりの竹製品が並ぶ**

「ソウケ」とは米などを入れる竹で編んだザルのこと。約300年前に海産物商人が開いた、かつお節の市を起源とする歴史ある市。手仕事でつくられたソウケのほか竹製のカゴ、カバン、農具なども販売されます。

◎DATA／**開催日**：9月27日〜29日　**場所**：本町地区旧長崎街道沿い　佐賀県杵島郡大町町5843　☎0952-82-5555【大町町商工会】

Autumn 06
KYOTO

10月

京都府
京都市

## 清水焼《きよみずやき》の郷《さと》まつり

**繊細で華麗な京都の名品も**

江戸時代より優れた意匠と高い技術が継承されている京焼・清水焼。作家、窯元、問屋、原材料屋など数十軒が集中し、職住をともに営む清水焼団地にて開催される大陶器市です。近年では地物が並ぶマルシェも。

◎DATA／**開催日**：10月第3金曜日から3日間　**場所**：清水焼団地一帯　京都市山科区清水焼団地　☎075-581-6188【清水焼団地協同組合】

10月

滋賀県
甲賀市

# 信楽《しがらき》陶《とう》器《き》まつり

## 力強さと自然味を持ち合わせた信楽焼

三重県と京都府との県境にある滋賀県甲賀市は、良質の陶土が出る信楽焼《しがらきやき》の産地。信楽焼は明るい茶色の焦げと、そこに吹き出す白い珪石《けいせき》や長石粒《ちょうせきりゅう》、透明感のある自然釉などの特徴をもつ焼締陶《やきしめとう》です。

「信楽陶器まつり」では、その信楽焼の即売会をはじめ、県立陶芸の森信楽産業展示館にて信楽陶器総合展が開催されます。茶碗や平皿、ぐいのみ、花器、土鍋、狸の置物など、多種多量の信楽焼から、これはと思う一品を見つけるのは陶器市の醍醐味。また、信楽駅から徒歩20分の滋賀県立陶芸の森では「セラミック・アート・マーケット」も。デザイン性の高い若手作家の作品や伝統的な信楽焼など和食器を求めるチャンスです。

⬆信楽の狸の置物

狸の置物でも有名な信楽焼。頭にかぶった笠、手に持つ徳利など8つの特徴は「八相縁起」と呼ばれる縁起を表し、それぞれに意味を持っています。

◎DATA

**開催日**：10月体育の日を含む3連休 **場所**：滋賀県立陶芸の森、信楽産業展示館、信楽地域市民センター周辺 滋賀県甲賀市信楽町長野1203 **アクセス**：信楽高原鐵道「信楽駅」より徒歩1分 ☎0748-83-1755【陶都・信楽まつり実行委員会】

http://www.shigaraki-matsuri.com

◎MEMO

開催日は信楽小学校と会場間で無料シャトルバスも運行しています。

Autumn
**08**

**EHIME**
Kitauwa-gun
Kihoku-cho

# 10月

愛媛県
北宇和郡
鬼北町《きほくちょう》

# でちこんか

## 山間の恵みを受けた清流沿いの市

「でちこんか」とはこの地方の方言で「出てきませんか」という意味。四国西南の中山間地に位置する鬼北町《きほくちょう》にて1994年にはじまったお祭りで、毎年四万十川の支流・奈良川の河川敷で開催されています。

1日目の前夜祭では、地元や県外から集まった太鼓集団などの邦楽グループによるライブを披露。2日目は、約100軒の露店が並び物産販売を行う「びっくり市」やアユやマスのつかみどりが開催されます。特設ステージでは、ダンスやパフォーマンス、音楽ライブなども。

また約2500食分の巨大なキジ鍋は行列必至。鬼北町特産のキジ肉と、根菜がたっぷり入ったスープが無料でふるまわれます。

市のイチオシ

**⇧アユやマスのつかみどり**

四万十川支流の奈良川に、アユやニジマス、アマゴが数千匹放流されるつかみ取り。子どもから大人まで裸足になって川に入り、泳ぐ魚を追いかけます。

**◎DATA**

**開催日：**10月第2土曜・日曜日　**場所：**鬼北町役場裏奈良川河川敷　愛媛県北宇和郡鬼北町近永800-1　**アクセス：**JR予土線「近永駅」より徒歩10分　☎0895-45-1111【鬼北町教育委員会生涯教育課文化スポーツ係】
http://www.town.kihoku.ehime.jp/

**◎MEMO**

電車でのアクセスの場合、JR「松山駅」から最寄り駅の「近永駅」までは1時間50分ほどです。

Autumn
**09**

**TOKYO**
Chiyoda-ku

# 10月

東京都
千代田区

# 神《かん》田《だ》古《ふる》本《ほん》まつり

## 100万冊の本が集まる古本市

世界最大規模といわれる本のまち・神保町で開かれる巨大な古本市。出品点数は約100万冊、参加店舗は約100店にも及びます。神保町の交差点を中心に靖国通り沿い約500mに書棚がズラリ。小説、専門書、マンガ、写真集、絵本……。あらゆる形態やジャンル、長い時を経てきた本が、通り沿いに続く光景はまさに本のまち。神保町はカレー店や昔ながらの喫茶店も多く、本選びの休憩に立ち寄るのもオススメです。

また期間中には大通りから少し入った、すずらん通りやさくら通りで「神保町ブックフェスティバル」も開催。通りいっぱいにワゴンが出され、本の山から掘り出し物を探すお客さんであふれます。

市のイチオシ

**⇧じんぼうチャリティ・オークション**

大通りから1本入ったさくら通りにて開催される書籍のオークション。誰でも参加でき、お目当ての本が格安で手に入るチャンス。売り上げの一部は関係機関に寄付されます。

◎DATA

**開催日**：10月下旬～11月上旬　**場所**：神田神保町古書店街　東京都千代田区神田神保町　**アクセス**：都営地下鉄新宿線・三田線・東京メトロ半蔵門線「神保町駅」すぐ　☎03-3293-0161【神田古書店連盟】

◎MEMO

千代田区の桜の開花時期に合わせ、3月下旬～4月上旬の3日間に「春の古本まつり」も開催されます。

11月

佐賀県
松浦郡
有田町

# 茶《ちゃ》わん供養《くよう》・有田《ありた》のちゃわん祭《まつ》り

**毎日使う茶わんを讃え新しい茶わんを迎える**

古くなったり、欠けて使えなくなった茶わんの供養を行うお祭り。先人陶工の偉業を讃え、日常使っている茶わんに感謝し供養する「茶わん供養神事」が行われます。

23店舗が集まり、日用食器から高級陶磁器まで揃う有田焼陶磁の里プラザでは、有田焼のお値打ち品が販売されるほか、人気のグラスブランド「匠の蔵」の新作も販売。また古い茶わんを持っていくと、新しい茶わんと交換してもらえる「春茶わん交換」もあります。結婚20周年を迎える夫婦に「磁器婚式」として、有田焼の記念品を贈るプレゼントも。そのほか太鼓演奏や、有田の棚田米を使ったもちつき、抽選会などイベントが充実しています。

**⇧新年は新しい茶わんで**

年末を控え、「新年を新しい茶わんで迎えよう」とのキャッチフレーズではじまった「茶わん供養・有田のちゃわん祭り」。会場には伝統的な有田焼から気鋭の作家ものまで、あらゆる茶わんがズラリ！

◎DATA

**開催日**：11月下旬（23日・勤労感謝の日の前後5日間）　**場所**：有田陶磁の里プラザ・有田焼卸団地　佐賀県西松浦郡有田町赤坂丙2351-170　**アクセス**：西九州自動車道波佐見有田ICより車で10分、JR佐世保線「有田駅」より車で5分　☎0955-43-2288【有田陶磁の里プラザ】
http://www.arita.gr.jp/

## 酉《とり》の市《いち》

毎年11月の酉の日に行われ、「おとりさま」の名で親しまれている「酉の市」。開運・授福・除災・商売繁盛を祈る行事として、縁起物の熊手を買い求める人たちでにぎわいます。

『一陽来復酉の市』歌川国貞
資料提供：国立国会図書館

**⇦江戸時代の酉の市**

浮世絵にも、おかめの面を飾った熊手を持つ人たちが描かれています。また、松尾芭蕉の弟子・其角の俳句「春をまつ事のはじめや酉の市」のように、酉の市の賑いは文芸の主題にもなりました。

11月

東京都
台東区

# 浅草《あさくさ》酉《とり》の市《いち》

## 神社とお寺がともに開催する日本唯一の「酉の市」

午前0時、ドーンという一番太鼓の合図とともに長國寺・鷲神社の境内は縁起物の熊手を買い求める人たちでいっぱいになります。そもそも酉の市は、関東武士の武運を祈る祭礼としてはじまったもの。江戸時代には五穀豊穣や商売繁盛を祈る行事として江戸各地に広まったといわれています。そして、現在約70万人が訪れる「浅草酉の市」は唯一、お寺（長國寺）と神社（鷲神社）が同時に開催する珍しい市なのです。

長國寺・鷲神社の両境内には約150もの熊手商が軒を連ね、手のひらサイズの小さな熊手から、数メートルもある大きな熊手まで、大きさもさまざま。七福神や大判小判を配した「赤物《あかもの》熊手」、松竹梅や米俵などの差し物に緑の松を飾った「青物《あおもの》熊手」、竹ざるのなかにおかめを入れた「みの熊手」、扇の中央におかめを配した「桧扇《ひおうぎ》熊手」、台となる熊手の爪を焼いて黒くした「黒爪熊手」など、1軒1軒個性豊かな熊手をながめて歩くのも楽しいものです。

気に入った熊手が見つかったら、臆せず熊手屋さんに声をかけてみましょう。由来や職人技が光る細工などを親切に教えてくれます。また、熊手は縁起物なので価格が表記されていないことがほとんど。小さいものは千円～、大きなものでは何十万円もする熊手がありますが、どれだけ値切れるかは腕次第（値切ったぶんだけご祝儀として店に置いて帰るのが"粋"とされているとか）……。

境内のあちこちからは、熊手を買った人たちの商売繁盛を願って「イヨ～ッ、シャシャシャン、シャシャシャン、シャシャシャン、シャン」と熊手屋さんの威勢の良い手締めの声が響いてきます。どこを歩いても目の前に広がるきらびやかな熊手、社員が仲良く大きな熊手をかついで帰る会社、元気いっぱいの熊手屋さんの声。午前0時から午後24時まで、丸1日この活気に満ちた市は続きます。

Autumn
11
TOKYO
Taitou-ku

◎DATA／開催日：11月酉の日 0:00～24:00　場所：長國寺　東京都台東区千束3-19-6／鷲神社 東京都台東区千束3-18-7　☎03-3872-1667【長國寺】03-3876-0010【鷲神社】 http://www.torinoichi.jp/　◎MEMO／11月に酉の日が2回あるときは「二の酉」、3回あるときは「三の酉」まで行われます。例年日にちが異なるので事前にご確認を。

photo：末松正義（P052-057）

牛鍋
米久本店
牛鍋

目黒和繁
花庄
富

上／「食べると人の頭になれる」開運出世の縁起物で、「浅草酉の市」名物にもなっている「八頭」。
下／境内には江戸・明治時代の熊手や道具の展示も。熊手デザインの移り変わりを知ることができる。

直径1mを超す立派な「みの熊手」。なかには常連のお客さんのために職業にちなんだ飾り物を施した熊手も。

商談が成立すると熊手屋さんが手締めで送り出してくれます

熊手を知りつくした熊手屋さんとのお話も楽しいもの。気になるデザインを見つけたらぜひ声をかけてみて。

## 「浅草酉の市」のおかいもの

**切山椒**

上新粉に砂糖と山椒の粉を加えて薄くのばし、短冊形に切った餅菓子。「八頭」に並ぶ酉の市の縁起物のひとつ。

**ミニ熊手かんざし**

境内の一角で見つけた、おかめとひょっとこが愛らしいミニ熊手かんざし（各800円）。老舗人形工房「松菊」のもの。

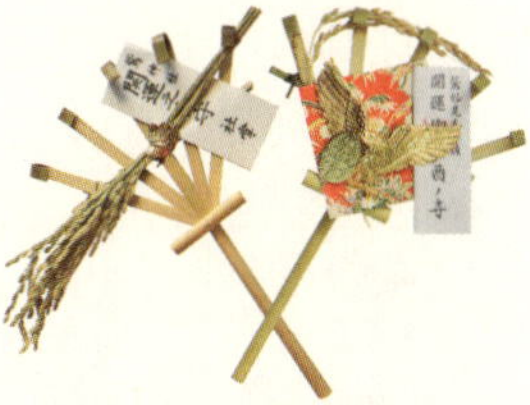

**かっこめ熊手守り**

この日に限り、開運招福のお守り「かっこめ」が授与されます。鷲神社の「熊手御守」（左）と長國寺「金運かっこめ守り」（右）。

**赤物《あかもの》熊手**

創業以来変わらぬ型で、職人が手づくりする飾り物は必見。よく見ると七福神の表情もひとつひとつ異なる。

**桧扇《ひおうぎ》熊手**

扇の中央におかめの面を飾った熊手。シンプルなものから、松竹梅や鶴を飾ったものまで熊手商の個性が光る。

**青物《あおもの》熊手**

差し物にはおかめの面、大判小判、松竹梅、鶴亀、米俵などおめでたいものが勢揃い。上部に飾られた青々とした松が特徴。

### 市のおまけ

**通りには屋台がズラリ**

「浅草酉の市」開催日には、周辺道路に屋台が並びます。深夜になっても屋台の居酒屋は熊手を持った人で大にぎわい。

**鷲神社のなでおかめ**

いつもは鷲神社社殿に鎮座している「なでおかめ」も、酉の市では社務所前に移動。なでる場所により違うご利益を授かると伝えられています。

Autumn
12
TOKYO
Shinjuku-ku

# 11月

東京都
新宿区

# 花《はな》園《ぞの》神《じん》社《じゃ》大《おお》酉《とり》祭《さい》（酉の市）

## 境内中が手拍子や掛け声に包まれる

歌舞伎町からほど近い、都会の中心に位置する花園神社。11月の酉の日には開運招福、商売繁盛を願い、飾り熊手などの縁起物を商う熊手市が立ちます。熊手を買うと、景気付けに行われる手締めの掛け声があちらこちらで聞こえる境内。

熊手の露店のほか飲食のできる屋台が設けられ、網で焼いたホタテやはまぐり、焼き鳥などをつまみにお酒を傾ける人たちも。花園神社名物の見世物小屋が見られるのも、この酉の市だけです。また境内の入口や社殿の近くにはたくさんの提灯が。市が立つと掲げられるこの提灯には企業の社名や個人名が書かれ、祭を盛り立てています。多くの商人が集う、新宿ならではの酉の市です。

**↑見世物小屋**

好奇心をそそられる演目が書かれた見世物小屋は、花園神社大酉祭の名物。「いらっしゃいませ！ いらっしゃいませ！」の口上に誘われ、満員御礼。

◎DATA

**開催日**：11月酉の日　**場所**：花園神社　東京都新宿区新宿5-17-3

**アクセス**：東京メトロ丸ノ内線・副都心線・都営新宿線「新宿三丁目駅」徒歩3分、JR・小田急線・京王線「新宿駅」徒歩7分　☎03-3209-5265

http://www.hanazono-jinja.or.jp

◎MEMO

酉の日の前日はお昼ごろ～深夜2時まで前夜祭が行われます。

Autumn 13
TOKYO

11月

東京都
足立区

## 大鷲《おおとり》神社《じんじゃ》酉《とり》の市《いち》

**「酉の市」発祥の地**

歴史ある大鷲神社の「酉の市」。応永（1394～1428年）のころより酉の日に例祭が行われ「とりのまち」と称されていました。これが「酉の市」の起源といわれ、現在でもにぎわいを見せています。

◎DATA／**開催日**：11月酉の日
**場所**：大鷲神社　東京都足立区花畑7-16-8
☎03-3883-2908

Autumn 14
TOKYO

11月

東京都
府中市

## 大國魂《おおくにたま》神社《じんじゃ》酉《とり》の市《いち》

**武蔵国総社の酉の市**

浅草・新宿に並ぶ江戸三大酉の市のひとつ。大國魂神社は1900年前に創建され、「酉の市」も江戸時代から府中の人々に愛されてきました。ちなみに、大國魂神社は縁結びの神様としても知られています。

◎DATA／**開催日**：11月酉の日
**場所**：大國魂神社　東京都府中市宮町3-1
☎042-362-2130

## あちこちで「酉の市」

日本各地の鷲神社・大鳥神社で開催される「酉の市」。
発祥の地が江戸だったため、東京ではこれだけの神社で行われています。
（いずれも開催は11月の酉の日。西新井大師のみ12月21日開催）

| | |
|---|---|
| **島根鷲神社** | 東京都足立区島根4-25-1 |
| **西新井大師** | 東京都足立区西新井1-15-1 |
| **香取神社** | 東京都江戸川区中央4-5-23 |
| **大森鷲神社** | 東京都大田区大森北1-15-12 |
| **葛西神社** | 東京都葛飾区東金町6-10-5 |
| **富岡八幡宮** | 東京都江東区富岡1-20-3 |
| **荏原神社** | 東京都品川区北品川2-30-28 |
| **宮益御嶽神社** | 東京都渋谷区渋谷1-12-16 |
| **四谷 須賀神社** | 東京都新宿区須賀町5 |
| **成子天神社** | 東京都新宿区西新宿8-14-10 |
| **天沼八幡神社** | 東京都杉並区天沼2-18-5 |
| **出世大鷲神社** | 東京都杉並区下井草1-31-3 |
| **大和市神社** | 東京都杉並区善福寺4-14-24 |
| **大原稲荷神社** | 東京都世田谷区大原2-29-21 |

| | |
|---|---|
| **波除神社** | 東京都中央区築地6-20-37 |
| **松島神社** | 東京都中央区日本橋人形町2-15-2 |
| **大鳥神社** | 東京都豊島区雑司が谷3-20-14 |
| **北野神社** | 東京都中野区新井4-14-3 |
| **大鷲神社** | 東京都練馬区石神井町3-25-26 |
| **練馬大鳥神社** | 東京都練馬区豊玉北5-18-14 |
| **巣鴨大鳥神社** | 東京都文京区千石4-25-15 |
| **十番稲荷神社** | 東京都港区麻布十番1-4-6 |
| **大鳥神社** | 東京都目黒区下目黒3-1-2 |
| **布多天神社** | 東京都調布市調布ケ丘1-8-1 |
| **田無神社** | 東京都西東京市田無町3-7-4 |
| **市守大鳥神社** | 東京都八王子市横山町25-3 |
| **武蔵野八幡宮** | 東京都武蔵野市吉祥寺東町1-1-23 |

ちょっと行ってみたくなる

# ユニークな市

『百鬼夜行絵巻』(部分) 資料提供：国立国会図書館

## 妖怪たちの市!?
## 「妖怪アートフリマ モノノケ市」

京都・北野天満宮にほど近い一条通は、『百鬼夜行絵巻』にも描かれている古道具が変化した妖怪・付喪神《つくもがみ》の通り道だったといわれています。そんな“妖怪の聖地”ともいえる地で開催されているのが、全国から妖怪好きの人々が集う「妖怪アートフリマ モノノケ市」。もともとは、2009年に一条通にある大将軍商店街のイベントとしてはじまったもので、以降、主に大将軍八神社で開催されてきました。

会場には妖怪Tシャツや、天狗面、ちょっとドキッとするような目玉アクセサリーなど、妖怪にまつわるグッズが並びます。右も左も妖怪だらけ、その様子はまさに百鬼夜行を思わせます。

妖怪もやってくる！

「モノノケ市」には妖怪も遊びにやってきます。グッズに夢中になっている姿を、妖怪がじっと見ている……なんてことも。

妖怪への愛情が詰まったオリジナルグッズたち。リアルなものから、かわいらしいものまでが揃う。

⬆「妖怪アートフリマ モノノケ市」
開催日は不定期。詳細はFacebookページにて随時公開
https://www.facebook.com/mononokeichi

## うっかりさんの忘れ物
## 「鉄道忘れ物市」

傘にバッグ、買ったばかりの洋服など、うっかり電車に忘れてしまったことはありませんか？　1年365日たくさんの人が利用する電車には、毎日のように忘れ物が出てきます。運悪く落とし主のもとに帰れなかった忘れ物が、新たな持ち主と出会うのが「鉄道忘れ物市」です。全国各地の百貨店催事場やイベント会場で不定期に行われるほか、「鉄道忘れ物の店」のように常設のお店があるところも。

「鉄道忘れ物市」の醍醐味は、安価でお目当ての商品が買えるだけでなく、落とし主のうっかり具合を想像しながら楽しむこと。トランペットや大正琴など、忘れるはずもない大きなものや高価なものほど、想像力が掻き立てられます。

© 朝日新聞社

忘れ物の定番は傘。そしてブランドものからキャラクターものまで、時計も意外と多いのだそう。

あれもこれも
落としもの

フワフワの高価そうな毛皮コートや、マンドリンまで!?珍品も多数見つかります。

**⬆いつでも忘れ物に出会える「鉄道忘れ物の店」**

兵庫県尼崎市玄番北野町41（サンロード6番街）
営業時間：12:00～17:00（休：木・日・祝・21日・25日）
http://tetsudouwasuremono.seesaa.net/

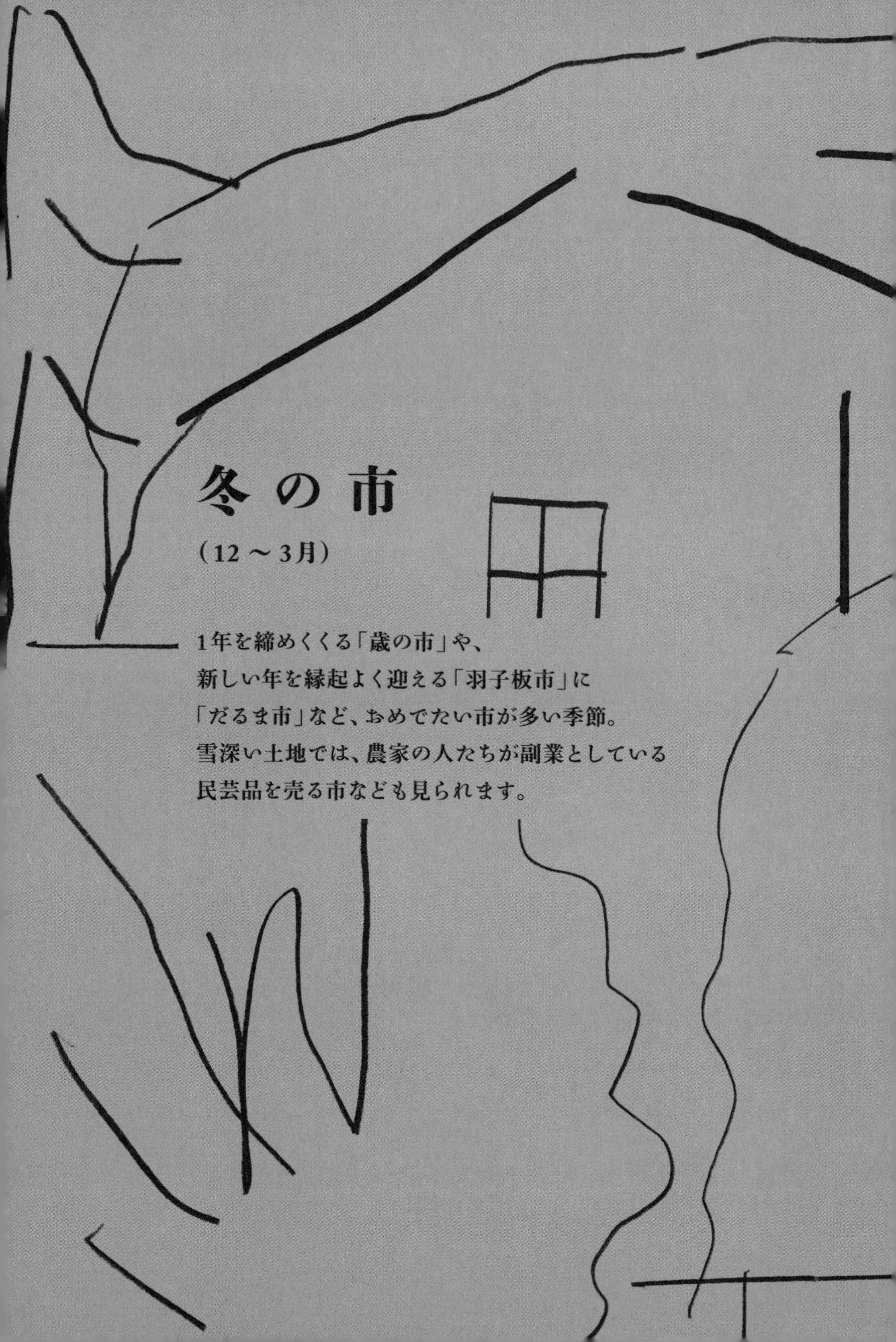

# 冬の市

（12～3月）

1年を締めくくる「歳の市」や、
新しい年を縁起よく迎える「羽子板市」に
「だるま市」など、おめでたい市が多い季節。
雪深い土地では、農家の人たちが副業としている
民芸品を売る市なども見られます。

葵丸進 様
東京羽子板
たかさごや

# 12月

東京都
台東区

# 羽《は》子《ご》板《いた》市《いち》

Winter
01
TOKYO
Taitou-ku

## 江戸時代から続く 年の瀬の風物詩

浅草・浅草寺では観音さまのご縁日である18日に、縁日が開かれています。なかでも、12月は1年を締めくくる「納めの観音」として、江戸時代から正月用品や縁起物を売る「歳の市」が開催されていました。当時は年末に邪気よけとして羽子板を贈る習慣があり、「歳の市」は華やかな羽子板を買い求める人で大変なにぎわいだったそう。そんな江戸時代から続く、年の瀬の風物詩を今に伝えるのが「羽子板市」です。

境内には数十軒もの羽子板の露店が立ち並び、各露店には歌舞伎の登場人物を題目にしたものや、〝今年の顔〟ともいえる著名人をモチーフにしたものなど、三方の壁一面に所狭しと羽子板が並べられています。押絵の技法を用いて職人たちがつくる羽子板は、あでやかな着物をまとい、描かれる顔ひとつとっても実に表情が豊か。お店によってもつくり方や、題目にしている人物が異なります。なかには職人さん自身がお店に立っていることもあるので、モチーフになっている人物や技法について親切に教えてくれるのです。なかなか普段は見られない・聞けない職人さんの手仕事に触れることができるのも、市の醍醐味です。

羽子板は、今でこそ専門店やデパートなどで売られるようになりましたが、かつては「市」でしか買えないものでした。そのため、江戸時代の女性たちは、お気に入りの役者が描かれた羽子板をブロマイドのように競って買い求め、羽子板の売れ行きが人気のバロメーターにもなっていたそう。最近では手に収まる小さなサイズの羽子板も人気があり、毎年歌舞伎の演目をひとつずつ買い揃える人も多いのだとか。ちなみに、「羽子板市」では羽子板商から直接購入できるため、専門店やデパートと比べるとかなり控えめなお値段。サイズによっては、3000〜5000円ほどで購入できるものもあります。

羽子板市
タイムスリップ

**⇦今も昔も変わらぬ風景**

「歳の市」から「羽子板市」として定着したのは昭和25年ごろから。写真は昭和28年から出店している「羽子板 鴻月」(当時の屋号は「成駒屋」)。お店のかたちも、羽子板の並べ方も、今に受け継がれています。

◎DATA/**開催日時**:12月17日〜19日 9:00〜21:00ごろ　**場所**:浅草寺　東京都台東区浅草2-3-1
**アクセス**:東京メトロ銀座線・つくばエクスプレス・東武スカイツリーライン・都営地下鉄浅草線「浅草駅」より徒歩5分　☎03-3842-0181　http://www.senso-ji.jp/
◎MEMO/12月18日は観音さまの「ご縁日」のため、羽子板市のほかにも飲食の露店が境内に並びます。

photo:原田真理(P064-069)

丸仁

上／値段の交渉がまとまり、羽子板を購入すると無病息災を願って景気の良い手締めで送り出してくれる。　下／境内では、無地の羽子板に手形と名前を入れられるコーナーも（小500円／大1000円）。

お店ごとに異なる羽子板商の半纏《はんてん》にも注目。羽子板や羽根の図柄が描かれています

羽子板の羽根が害虫を食べるトンボに似ていることから「悪い虫が付かない」と、女の子の縁起物になったのだとか。

上／綿をくるんだ布を組み合わせる「押絵」の技術を用いた「江戸押絵羽子板」は、東京都指定伝統工芸品にも指定されている。　下／羽子板市の一角には正月らしい和凧を売るお店も。凧を購入すると、その場で名前を入れてもらえる。

# 「羽子板市」のおかいもの

**「連獅子」（むさしや）**

我が子を突き落とし、自力で登ってきた強い獅子だけを育てる歌舞伎演目「連獅子」。子が強く育つようにとの願いが込められている。

**「め組の喧嘩」（たかさごや）**

町火消し「め組」の鳶職（とびしょく）と力士たちの乱闘事件を題材にした、歌舞伎演目「め組の喧嘩」のワンシーンを描いた押絵羽子板。

**「藤娘」（たかさごや）**

日本舞踊や歌舞伎の演目でおなじみの「藤娘」は、黒い笠に藤の小枝が特徴。可憐な乙女の象徴的存在です。裏には愛らしい梅の絵が。

**縁起小判**

「羽子板市」開催日から年末のみ浅草寺で授与される「縁起小判」（300円）。毎年ひとつずつ積んでいくと金運が上がるとか。

**厄除け達磨凧／菱凧**

愛らしいだるまと、力強い歌舞伎の隈取が描かれた「江戸縁起堂」の和凧。現在「羽子板市」で凧を販売しているのはこの1軒のみ。

**羽根飾り**

羽根の先にある黒い玉は「無患子（むくろじ）」という大木の種。読んで字のごとく「無患子＝子に患い無し」と無病息災のお守りに。

## 市のおまけ

**洋食店の羽子板マッチ**

浅草寺にほど近い老舗洋食店「ヨシカミ」では、「羽子板市」のときだけお店のマッチが羽子板型に。市の帰りにぜひ立ち寄りたい。

**浅草仲見世商店街**

雷門から浅草寺の境内へと続く仲見世は、日本で最も古い商店街のひとつ。「羽子板市」の時期には福助や羽子板が飾られています。

Winter
02
KANAGAWA

12月

神奈川県
鎌倉市

## 歳《とし》の市《いち》

**行く年来る年を祈る**

熊手、神棚、だるまをはじめとする露店が並ぶ鎌倉・長谷寺にて行われる年納めの縁日。特別に観音様の足に直接触れられる「御足参り」や、観音様の手と繋がる五色の紐「お手綱」に触れて参拝できます。

◎DATA／**開催日**：12月18日
**場所**：長谷寺参道　鎌倉市長谷3-11-2
☎0467-22-6300

Winter
03
OKINAWA

12月

沖縄県
中頭郡《なかがみぐん》
読谷村《よみたんそん》

## 読谷山焼《よみたんざんやき》陶器市《とうきいち》

**大きな登り窯のある陶器の里**

大胆な絵柄とずっしりと厚みのある沖縄のやきもの、通称「やちむん」。やちむんの産地・読谷村《よみたんそん》の工房が一堂に会し読谷山《よみたんざん》焼の展示・販売を行う陶器市。炊き出しやコーヒーが読谷山焼の器で振る舞われます。

◎DATA／**開催日**：12月第3金・土・日曜日　**場所**：やちむんの里　沖縄県中頭郡読谷村字座喜味2653-1
☎098-958-6488【読谷山焼北窯共同売店】

Winter
04
TOKYO

12月

東京都
中央区

## 薬研堀不動尊《やげんぼりふどうそん》歳《とし》の市《いち》

**100軒の問屋が参加**

12月28日は納めの不動として、前後合わせて3日間「歳の市」が開かれます。周囲が問屋街ということもあり、お正月のしめ飾りのほか、衣料品やバッグなどのセール市も。毎年15万人もの人でにぎわいます。

◎DATA／**開催日**：12月27日～29日　**場所**：薬研堀不動院　東京都中央区東日本橋2-6-8　☎03-3866-3706【薬研堀不動尊の市保存会】

Winter
05
GIFU

12月

岐阜県
高山市

## 年《とし》の瀬市《せいち》

**お正月を飾る手づくり品**

全国に名高い飛騨高山の朝市にて行われる年末恒例の市。普段の野菜や果物、漬物などに加えて正月飾りが並びます。枝に紅白の餅が飾られたこの地方伝統の「花もち」やしめ縄、松飾りなどはすべて手づくり。

◎DATA／**開催日**：12月27日～31日　**場所**：高山陣屋前広場　岐阜県高山市八軒町1-5　☎0577-32-3333【高山陣屋前朝市組合しめ縄部会】

Winter
**06**

**TOKYO**
Setagaya-ku

photo:河野亮次

# 12月

東京都
世田谷区

# 世《せ》田《た》谷《がや》ボロ市《いち》

## 400年の歴史を持つ蚤《のみ》の市

古着、古本、骨董品、食料品、植木など約700店の露店が世田谷のボロ市通りに並ぶ蚤の市。ビンテージの古着やおもちゃ、アンティークのアクセサリーといった中古品はもちろん、新品も並びます。品揃えは千差万別で、安価なものから高価なものまで1点ものばかり。

天正6(1578)年に小田原城主だった北条《ほうじょう》氏政《うじまさ》がこの地に楽市を開いたのがはじまりで、400年以上の歴史を持ちます。もともとは農具市として開かれており、作業着のつくろいや補強用にぼろ布が売られていたことから「ぼろ市」と呼ばれるようになりました。ボロ市の開催中は、東京では数少ない路面電車のひとつ、東急世田谷線が増発されます。

**⇧代官餅**

パックにどっさりと詰められた温かく柔らかいお餅は「世田谷ボロ市」の名物。その場で蒸しており、味はあんこ、きなこ、からみの3種(大600円/小400円)。

**◎DATA**

**開催日**:12月15日・16日、1月15日・16日 **場所**:世田谷区ボロ市通り 東京都世田谷区世田谷1丁目 **アクセス**:東急世田谷線「世田谷駅」「上町駅」より徒歩、または東急・小田急バス「上町」下車すぐ ☎03-5432-1111【世田谷区 世田谷総合支所区民部地域振興課】
https://www.tokyo-cci.or.jp/setagaya/boroichi/

だるま市
タイムスリップ

⇦ **達磨寺の由来**

夢に導かれてやって来た老行者が、大洪水で流れ着いた大木から達磨大師像を彫って安置したのが少林山達磨寺の起こりといわれています。写真は昭和初期の「七草大祭だるま市」の様子。

**1**月

群馬県
高崎市

## 日本三大だるま市
# 七草大祭《ななくさたいさい》だるま市《いち》

### 縁起だるま発祥の地
### 福顔のだるまが並ぶ市

だるまづくりの歴史をたどると、約200年前に起こった浅間山の大噴火による天変地異の大飢饉にたどり着きます。農民救済のために九代東嶽《とうがく》和尚が木型をつくり、農家の副業として張り子だるまづくりがはじまりました。これを七草大祭で売ったところ評判となり、「縁起だるまの少林山」と呼ばれるように。眉は鶴、髭は亀を表す穏やかな顔立ちの高崎だるまは、その後、全国一のだるま生産量を誇るほど大きくなりました。

少林山達磨寺で開催される「七草大祭だるま市」は、毎年20万人以上も人が集まる巨大イベント。夜通し開催され、6日の夜から7日の未明にかけて最高潮を迎えます。初春の縁起物としてだるまを買い求める人々、そして300店舗にものぼるという露店群の光景は圧巻。だるまを片手にホカホカの屋台フードを頬張るのも楽しみのひとつです。

総門をくぐると、美しく灯籠に照らされた石段が本堂へと続き、本堂前には、所狭しとテントが立ち並びます。勇ましい掛け声とともに売られる大小さまざまなだるまのなかから、お気に入りのひとつを見つけましょう。

だるまの目に墨を入れる「願かけだるま」のいわれは、養蚕農家が七転び八起きにあやかって蚕の起き（目覚めから4度の脱皮を繰り返すこと）が良くなるようにと願いを込めて片目だけに墨を入れ、蚕が良い繭をつくると大当たりと喜んでもう一方の片目にも墨を入れてお祝いをしたことにはじまります。だるまに片目を入れる際は心静かにだるまと向かい合い、願いを込めて向かって右に目を書き入れます。そして、目標が達成されたときには、感謝の気持ちで左目を書くというのが正しい方法なのだそう。さらに、目標をより大きく、一層の前進を目指すため、年々だるまを大きくするという習わしも。新しい年のはじまり、高崎には思い思いの目標を胸に、だるまを抱えて歩く人たちの姿があります。

Winter
**07**
**GUNMA**
Takasaki-shi

◎DATA／**開催日**：1月6日・7日　終日　**場所**：少林山達磨寺　群馬県高崎市鼻高町296
☎027-322-8800【少林山達磨寺】027-321-1257【高崎市役所観光課】
http://www.daruma.or.jp/
◎MEMO／雨天決行。6日正午～7日午後2時は、多くの屋台が並びます。

photo：原田真理（P072-075）

多くのテントが立ち、大小さまざまなだるまが販売される。値段は小さいもので数千円、大きなものでは3万円を超えるものも。

**上**／願いごとが叶い、墨を両目に入れた前年のだるまは寺の入口で返し、15日の「どんどん焼き」にて供養される。　**左**／市では値切るほど縁起が良くご利益があるとされ、あちこちで威勢の良い値切り合戦が。　**下**／願いごとを記す絵馬も、もちろんだるま。学生たちの合格祈願を始め、老若男女のさまざまな願いが記される。

**眉は鶴、口ひげは亀。**
**大きなだるまに**
**願いを込めて**

# 「七草大祭だるま市」のおかいもの

### どらやき

だるまの焼き印入りのどらやき（1個135円）。ほかにも、だるまの形をした饅頭などもおみやげに並ぶ。

### だるまねこ

招き猫が小判ではなく、だるまを抱いたユニークなデザインのものも。さらなる商売繁盛を願う人たちに人気。

### 色とりどりのだるま

だるまの色によって「黒字祈願」「恋愛成就」「金運アップ」の願いを込める人が多いという黒・ピンク・金のだるま。

### てぬぐい

雲に乗っただるまをカラフルにデザインしたオリジナルのてぬぐいは、本堂裏のおみやげ売り場で販売（1,200円）。

### だるまみくじ

小さなだるまの底に貼られたシールを剥がすと、中からきつく巻かれたおみくじが出てくるだるまみくじ（200円）。

### だるま巾着守

真っ赤なだるまの顔がインパクト大な巾着守。交通安全や学業成就を願って子どもに持たせるのだそう（400円）。

## 市のおまけ

### 達磨堂

古今東西のだるまが展示された境内の「達磨堂」。「七草大祭だるま市」開催時は閉堂していますが、日をあらためてでも足を運ぶ価値ありです。

### どんどん焼き

1月15日、役目を果たしただるまを供養する「どんどん焼き」が行われます。焚き上げる火にあたると無病息災で過ごせるという言い伝えも。

Winter
08
SHIZUOKA

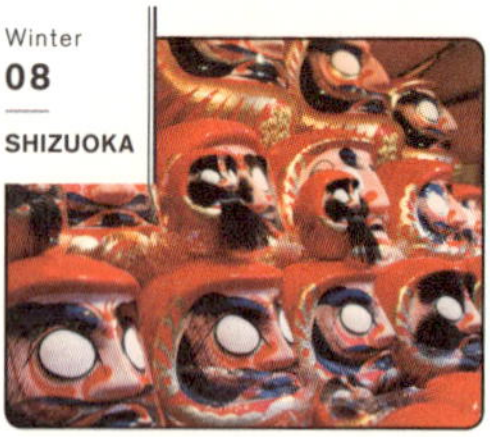

2月

静岡県
富士市

## 日本三大だるま市 毘沙門天大祭《びしゃもんてんたいさい》

### 富士を望む大だるま市

インド伝来の神・毘沙門天《びしゃもんてん》を祀る妙法寺《みょうほうじ》にて江戸時代から続く歴史あるだるま市。境内には40～50軒のだるま屋が並びます。だるまの色・大きさともに種類豊富で、なかにはフサフサの髭を付けたものも。

◎DATA／**開催日**：旧暦1月7日～9日
**場所**：毘沙門天妙法寺　静岡県富士市今井2-7-1
☎0545-32-0114

Winter
09
TOKYO

3月

東京都
調布市

## 日本三大だるま市 厄除《やくよけ》元三《がんざん》大《だい》師《し》大祭《たいさい》だるま市《いち》

### だるまの目に心願の「阿吽」を

「深大寺のだるま市」と知られ、境内は大小約300余りの露店。開眼所では左目に「阿」の字を、心願叶った際に右目に「吽」の字を入れてもらえます。袍裳《ほうも》七條《しちじょう》袈裟《けさ》姿の高僧たちによる「お練り行列」も圧巻。

◎DATA／**開催日**：3月3日・4日
**場所**：深大寺　東京都調布市深大寺元町5-15-1
☎042-486-5511

Winter
10
FUKUOKA

1月

福岡県
朝倉市

## 甘木《あまぎ》バタバタ市《いち》

### 福を呼び、子どもの発育を願う

子育て祈願の祭りとして、また、物物交換の市として奈良時代から伝えられる「甘木バタバタ市」。境内では愛らしい子どもの顔が描かれた「豆太鼓バタバタ」が売られ、大きなものでは柄長が2ｍのものも。

◎DATA／**開催日**：1月4日・5日
**場所**：安長寺　福岡県朝倉市甘木772
☎0946-22-5361【安長寺】

Winter
11
NIIGATA

1月

新潟県
十日町市

## チンコロ市《いち》

### 干支をかたどった「チンコロ」

江戸時代に、農家が冬の間の副業として竹や藁などで編んだカゴや山笠などを持ち寄り開いた「節季市《せっきいち》」。現在は民芸品のほか米の粉でつくられた「チンコロ」が人気で「チンコロ市」と親しまれます。

◎DATA／**開催日**：1月10日・15日・20日・25日　**場所**：十日町市諏訪町通り　新潟県十日町市本町２丁目付近
☎025-757-3100【十日町市観光交流課】

1月

大阪府
大阪市

# 十《と》日《おか》えびす

## 笹に縁起物を結び、商売繁盛を願う

「えべっさん」で親しまれる商売繁盛を祈願する祭礼「十日えびす」。商売繁盛の神・戎《えびす》神を祀る神社にて行われ、なかでも大阪・今宮戎神社は100万人が来場するほど。参拝者は無料で配られる「福笹」に野の幸・山の幸・海の幸を象徴する飾りを付けてもらいます。この飾りは「小宝」と呼ばれる縁起物。銭袋、小判、丁銀、烏帽子、臼、小槌、米俵といった豊富な種類があります。福笹に小宝を結んでくれるのは金の烏帽子をかぶった「福娘」。毎年一般公募で数十人の福娘が選ばれます。

また、2015年には伝統芸能や演奏の奉納披露を行う「戎舞台」も再開。宝恵駕行列《ほえかごぎょうれつ》とともに、ミナミのまちをにぎわせます。

⬆宝恵駕行列《ほえかごぎょうれつ》

紅白の布で飾られたカゴに、芸者や役者を乗せた宝恵駕（ほえかご）。神輿のようにかつぎ「エライヤッチャ、エライヤッチャ」などの掛け声とともに練り歩きます。

◎DATA

**開催日**：1月9日～11日　**場所**：今宮戎神社 大阪市浪速区恵美須西1-6-10　**アクセス**：南海電鉄高野線「今宮戎駅」すぐ　☎06-6643-0150
http://www.imamiya-ebisu.jp

◎MEMO

9日は「宵えびす」、10日は「十日えびす」、11日は「残り福」と呼ばれています。

Winter 13
SAGA

1月

佐賀県
鹿島市

# ふな市《いち》

**二十日正月《はつかしょうがつ》に食べる、鮒《ふな》の市**

全国的にも珍しい、鮒《ふな》に特化した市。二十日正月《はつかしょうがつ》に鮒を食べる、この地域の伝統から300年以上続きます。お供え品でもある鮒を昆布で巻き、野菜と一緒に煮込む郷土料理「ふなんこぐい」も販売。

◎DATA／**開催日**：1月19日　**場所**：新天町さくら通り、浜町酒蔵通り　佐賀県鹿島市浜町
☎0954-62-2534【浜公民館】

Winter 14
GIFU

1月

岐阜県
高山市

# 二十四日市《にじゅうよっかいち》

**丁寧な職人技が光る宮笠《みやがさ》も**

旧暦の年末に「歳の市」として始まった「二十四日市《にじゅうよっかいち》」。野菜や生活用品をはじめ、美濃の陶器や刃物、飛騨内外の特産品などが並びます。職人がつくる伝統工芸品「宮笠《みやがさ》」は丈夫で軽くこの地域の希少品です。

◎DATA／**開催日**：1月24日
**場所**：本町通り、安川通り　岐阜県高山市
☎0577-32-3333【高山市観光課】

Winter 15
OSAKA

photo：休日style

1月

大阪府
大阪市

# 高津宮《こうづぐう》とんど祭《まつり》

**無病息災の祈願と食の祭り**

正月飾りやお札を焼き無病息災を願う「とんど祭り」。高津宮《こうづぐう》では近年、有名店などを含む地元飲食店がこの祭りにあわせて屋台を出店する〝たぶん（自称）日本一の屋台達〟を開催。多彩なグルメに喉が鳴ります。

◎DATA／**開催日**：成人の日（1月第2月曜）
**場所**：高津宮　大阪市中央区高津1-1-29
☎06-6762-1122

Winter 16
FUKUI

1月

福井県
勝山市

# 勝山《かつやま》年《とし》の市《いち》

**珍しい伝統技能と伝統食**

かつて「勝山みの市にないものは馬の角だけ」といわれていたほど品揃え豊富な市。木工品、民芸品、特産品ほか、精進料理や「ござぼうし」、伝統食「鯖の熟《な》れ鮨し」など「むらの達人」たちによる食や工芸品も。

◎DATA／**開催日**：1月最終日曜日
**場所**：勝山市本町通り　福井県勝山市本町
☎0779-88-0463【勝山商工会議所】

photo: 吉田篤史

# 2月

愛知県 名古屋市

# カッチン玉祭《だままつり》

## 子の成長を願う ピンク色のアメ

春の訪れを予感させる桃色のアメは、「カッチン玉」と呼ばれる縁起物。赤や白、青、黄などさまざまな色の飴が竹の先に練り固められています。安産、生育、子宝の神として親しまれる六所神社の例大祭（通称・カッチン玉祭）でのみ売り出されます。

この日、境内には100軒以上の露店がズラリ。拝殿の両脇にはカッチン玉をかたどった紅白の大きなハリボテが飾られ、安産祈願、生育祈願、子授祈願に多くの人々が訪れます。

カッチン玉の由来には諸説あり、かつて鬱蒼《うっそう》とした森だった境内で、用心のために用いられた松明の火を模したという説や、赤ん坊のへその緒という説もあるそうです。

**⬆カッチン玉のいろいろ**

金太郎飴や色とりどりのコウノトリなど。縁起の良いアメが付いたカッチン玉も（大1,500円／中800円／小400円）。

◎DATA

**開催日**：2月26日　**場所**：六所神社　名古屋市東区矢田南1-6-37
**アクセス**：JR中央本線「大曽根駅」より徒歩10分、名古屋高速1号楠線黒川ICより車で20分　☎052-711-3609　http://www11.ocn.ne.jp/~katayama/katayama7-1-1.htm

◎MEMO

9時から大祭斎行がはじまり、「カッチン玉」の授与は10時ごろから。

凧市
タイムスリップ

『王子稲荷初午祭ノ図』一陽斎豊国、香蝶楼豊国
資料提供：国立国会図書館

**⇐ 錦絵に描かれた初午参り**

江戸時代、徳川将軍家祈願所のひとつに指定され、『名所江戸百景』にも描かれた王子稲荷神社。「凧市」が開かれている初午は当時から多くの参拝者が訪れており、その様子が錦絵に残されています。

2月

東京都
北区

# 凧《たこ》市《いち》

## 江戸時代から続く
## 火除けのお守りを求めて

毎年大晦日には東国の稲荷神社から狐たちが集まって参拝したといわれ、関東の稲荷神社の総社である王子稲荷神社。お稲荷さんの誕生日である2月最初の午の日、王子稲荷神社では「凧市」が開催されます。

「凧市」がはじまったのは、江戸時代。当時、江戸は火事が頻発していました。火は風を受けて燃え広がることから、人々は〝風を切ってあがる〟凧を「火防《ひぶせ》の凧」として買い求めたのです。以来、大勢の人が集まるようになった境内には、凧を売る露店が立ち並び「凧市」になりました。

現在、境内の凧屋さんはわずか3軒。そのうち、2軒は今でも職人の手でつくられている手描きの凧を販売しています。ここで56年間凧を売り続けているお店のお父さんに話を聞いてみると、ほんの少し前までは境内いっぱいに凧を売る露店があったそうですが、凧あげができる場所が少なくなっていくにつれて凧屋も減っていったそうです。とはいえ、火事除けのお守りである「火防凧《ひぶせだこ》」をはじめ、手描きの和凧が並ぶ様子は、その鮮やかな色合いに目を奪われます。屋台の壁を覆うほど大きな凧があるかと思えば、10㎝にも満たない小さなかわいらしい凧があり、なかには実際にあげることができる昔ながらの和凧も。着物やコマをかたどったものなど、そのかたちのユニークさに職人たちの粋な遊び心を感じることができます。

「凧市」は毎年約5万人の参拝客が訪れるとあって、お昼ごろになると境内入口は1時間待ちの大行列。社務所では「火防凧《ひぶせだこ》」を買い求める人に、巫女さんたちが丁寧に「お参りごくろうさまです」の言葉を添えて授与。また、王子稲荷神社から徒歩10分ほどのところにある装束稲荷神社《しょうぞくいなりじんじゃ》は、かつて王子稲荷神社に参拝するために狐たちが着替えた場所といわれています。ここでも同日「狐の火防《ひぶせ》凧」が授与されています。

◎DATA／**開催日時**：2月の午の日 10:00～18:00　**場所**：王子稲荷神社　東京都北区岸町1-12-26
**アクセス**：JR・東京メトロ南北線「王子駅」より徒歩7分　☎03-3907-3032
◎MEMO／王子稲荷神社が所蔵している国認定重要美術品『額面著色鬼女図』、谷文晁の龍図もこの日に公開されます。

Winter
18
TOKYO
Kita-ku

photo：原田真理（P080-085）

日本の凧

上／江戸時代から続く凧職人の工房「菊匠」の屋台。ひとつひとつ手描きでつくられる飾り凧はどれも美しい。　下／いつもは静かな境内も、この日は「凧市」と書かれた紙袋を持った人が行き交い、にぎわいます。

紙袋にも
かわいらしい
火防《ひぶせ》凧の絵が

市にやってきた人のお目当ては、火防（ひぶせ）凧。境内の露店は凧、凧、凧一色！

左／100種類の絵柄が描かれた江戸凧。ひとつひとつユニークなモチーフに思わず顔がほころぶ。

# 「凧市」のおかいもの

**趣味奴の凧**

屋台では大小さまざまな凧も売られている。こちらは「火の用心」と書かれた手のひらにおさまる小さな凧（700円）。

**屋台の火防《ひぶせ》凧**

境内の屋台ではこんなに凛々しい顔の火防凧も。手描きのため、1枚1枚微妙に表情が異なり、選ぶのが楽しい（900円）。

**火防《ひぶせ》凧**

江戸時代の武家に使えていた「奴」をかたどった王子稲荷神社の火防凧（初穂料1,300円）。肩にはしっかり「火防御守護」の印も。

**いなり寿司**

お稲荷さんの好物といえば油揚げ。ということで、境内では近所に店を構える「幸寿司」がいなり寿司を販売（5個入600円）。

**袖凧**

千葉県上総地方の伝統凧で、大漁のときに着る「万祝着」をかたどったもの。大空に袖が舞うようにあがります（2,000円）。

**コマ凧**

かたちが遊び道具の「コマ（独楽）」に似ている、伝統的な凧。火防凧と違い、実際にあげることができる（1,500円）。

## 市のおまけ

**狐の穴跡“お穴さま”**

境内奥の斜面に建つ社には、狐が住んでいた穴が残されています。落語「王子の狐」に出てくる母狐がすんでいたのはここかもしれません。

**運試しの御石様**

境内の奥に鎮座する「御石様」。願いごとを念じて持ち上げ、想像したよりも軽ければ願いは叶いやすく、重ければ叶いづらいのだそう。

photo：アートNPOゼロダテ

# 2月

秋田県
大館《おおだて》市

# 大館《おおだて》アメッコ市《いち》

## 安土桃山時代から続くアメづくしの市

この日にアメを食べると風邪をひかないと伝えられ、1588年から続くアメの市。カラフルなアメが飾られたミズキの木が通りに飾られ、雪が降り積もる白い世界にピンクや黄色のアメが美しく映えます。露店では、ハッカ・きなこ・あんこ・甘酒など20種類以上ものアメを販売。1袋100円という手頃な価格なのであれもこれもと試したくなります。

ちなみに、真冬の甘い風物詩には神様も惹かれてしまうようで、大館市近くの山から神様がアメを買いにやってくるという言い伝えも。神様が帰るときには足あとを消すために吹雪になるとか。「アメッコ市」では、その様子を再現した「白髭大神巡行」も行われます。

市のイチオシ

**⬆木に実る小さなアメ**

会場に華を添えるのは、ミズキの木にピンクのアメが飾り付けられた「枝アメ」。小さな枝のものは100円で販売。

◎DATA

**開催日：**2月第2土曜・日曜日　**場所：**おおまちハチ公通り　秋田県大館市字大町　**アクセス：**東北自動車道小坂ICより車で約40分、JR東日本「大館駅」より車で約3分　☎0186-42-4360【大館市観光協会】 http://www.city.odate.akita.jp/

◎MEMO

アメッコ市開催日はJR大館駅と会場間でシャトルバスも運行しています。

Winter
20
MIYAZAKI

# 2月

宮崎県
えびの市

## 京《きょう》町《まち》二日《ふつか》市《いち》

### 南九州の歴史ある大買物市

京町温泉とともに発展した南九州最大級を誇る買物市。京町温泉駅前約2kmにわたって露店が並ぶ歩行者天国となり、大勢の人で溢れます。食料品、衣料品、植木など九州各地から出店し、バナナの叩き売りも。

◎DATA／**開催日時**：2月第1土曜・日曜日　**場所**：JR吉都線「京町温泉駅」前歩行者天国　宮崎県えびの市向江　☎：0984-35-1544【えびの市商工会】

Winter
21
SAITAMA

# 2月

埼玉県
東松山市

## 上岡観音《かみおかかんのん》の絵馬《えま》市《いち》

### 美しい馬が描かれた絵馬

額付きの板に鮮やかな馬をあしらった絵馬が並びます。馬の守り観音「馬頭観音」として信仰を集める上《かみ》岡観音《おかかんのん》。昔は牛馬の災難除けとして農家の人たちで賑わい、現在では競馬や乗馬の関係者が多く訪れます。

◎DATA／**開催日時**：2月19日
**場所**：上岡観音妙安寺　埼玉県東松山市岡1734
☎：0493-23-3344【東松山市観光協会】

Winter
22
AKITA

photo: アートNPOゼロダテ

# 2月

秋田県
北秋田市

## もちっこ市《いち》

### お餅だらけの市

草餅、干し餅、縁起物の枝餅、バターー餅、また鷹巣《たかのす》地方で小正月に食べるお焼きなど餅三昧の市。うどん、馬肉、だまこ汁、切りたんぽ汁などのフードコーナーも隣接。もちつきやお汁粉の無料限定サービスも。

◎DATA／**開催日時**：2月第2土曜・日曜日　**場所**：道の駅たかのす　秋田県北秋田市綴子大堤道下62-1
☎：0186-62-1851【北秋田市観光協会】

Winter
23
TOYAMA

# 2月

富山県
南砺《なんと》市

## つごもり大市《おおいち》

### 春を前に、雪溶けて賑わい増す

藩政期、五箇山《ごかやま》との交易拠点として栄えた城端町《じょうはなまち》では降雪の減る2月末に大市が開かれていました。「月ごもり（晦日）」に由来する「つごもり大市」では、日用品や特産品の販売のほか餅つきやミニライブも。

◎DATA／**開催日時**：2月末日　**場所**：城端にしまち通り（国道304号城端別院善徳寺周辺）　富山県南砺市城端　☎：0763-62-1821【城端観光案内所】

愛らしいお守りを求めて

# うそ替え神事

Photo：酒井咲帆

手から手へ「木うそ」が渡っていく太宰府天満宮の「うそ替え神事」。万治年間（1658～1661年）から盛んに行われていたそう。

## 嘘を誠心に、悪いことを嘘に替える

1年に一度しか出会えない、天神さま（菅原道真）ゆかりの鳥「鷽《うそ》」をかたどった木彫りの「木うそ」。主に天満宮で執り行われる「うそ替え神事」のときに授与されます。

「うそ替え神事」とは、知らず知らずのうちについてしまう嘘を天神さまの誠心に、昨年の悪いことを嘘に“替え”、今年の吉に備える神事。「木うそ」は神社によってかたちが異なります。天満宮の総本社・太宰府天満宮では毎年1月7日、勇ましい火祭り「鬼すべ神事」とともに行われます。「替えましょ、替えましょ」のかけ声のもと、集まった人たちと手にした「木うそ」を取り替えます。そして神事のあとに手にした「木うそ」を自宅の神棚に祀り、その年の幸福を祈るのです。

Photo：原田真里

東の宰府といわれる亀戸天神社の「うそ替え神事」は人と交換するのではなく、神社に納めて新しい木うそと取り替える。

# 「木うそ」のあれこれ

同じ鷽《うそ》でも、神社によってかたちもサイズも違う「木うそ」。
どれも「うそ替え神事」開催日にしか手にすることはできません。

⇧道明寺天満宮

参拝者で交換し、底に「金」と書いてあれば18金の鷽鳥と交換。

開催日：1月25日 11:00～／15:00～
場所：大阪府藤井寺市道明寺1-16-40
☎ 072-953-2525

⇧太宰府天満宮

木を削ってカールさせた立派な羽と凛々しい顔つきが特徴。

開催日：1月7日18:00～
場所：福岡県太宰府市宰府4-7-1
☎ 092-922-8225

⇧亀戸天神社

しっぽのハネ具合に注目。サイズは500円～7000円まで11種類。

開催日：1月24日・25日
場所：東京都江東区亀戸3-6-1
☎ 03-3681-0010

⇧大阪天満宮

紙守りが入った袋を参拝者で替え、金・銀・土・木いずれかの鷽鳥と交換。

開催日：1月24日・25日 13:00～
場所：大阪市北区天神橋2-1-8
☎ 06-6353-0025

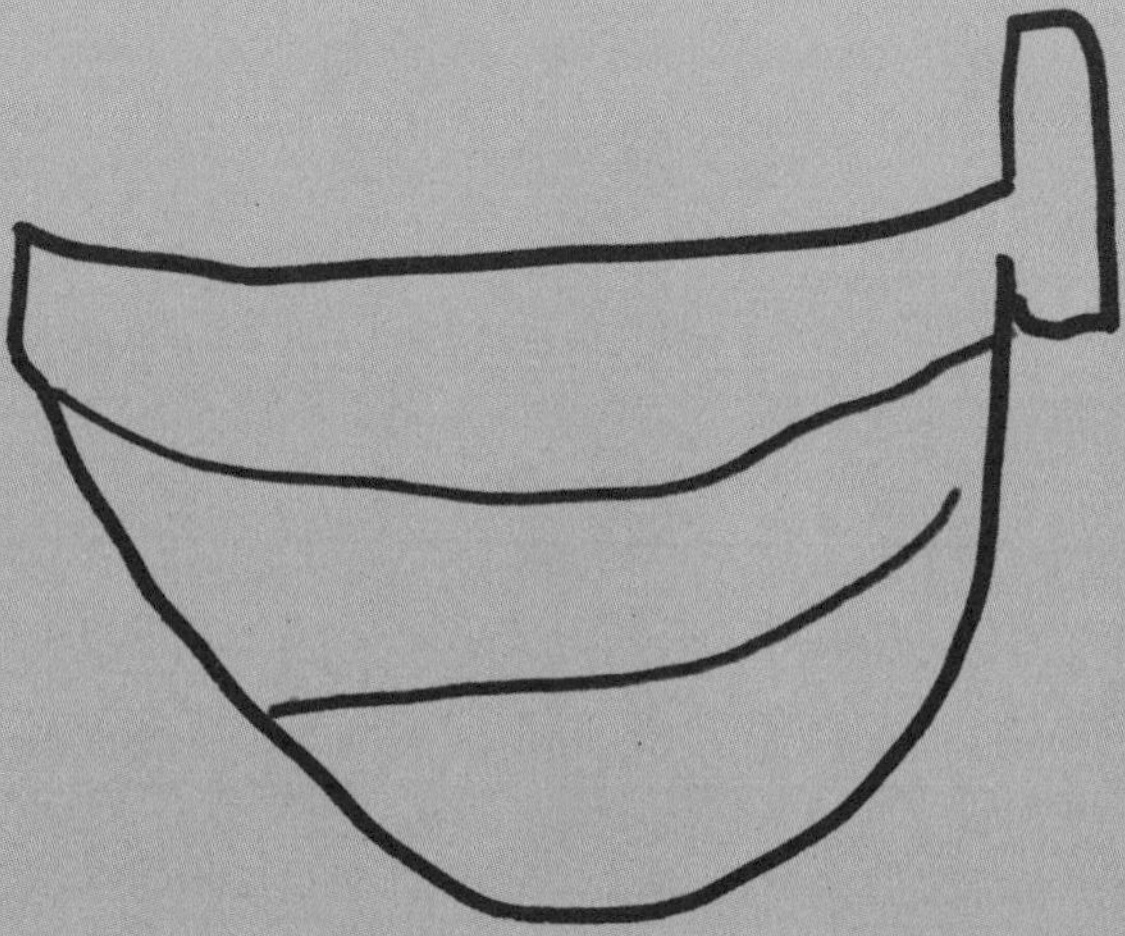

# 日々の市

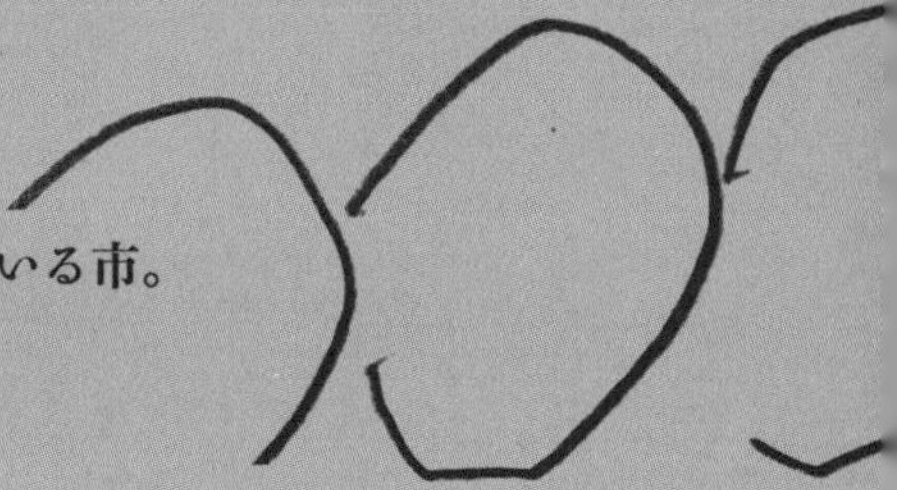

毎週、毎月、どこかで必ず開かれている市。
新鮮な野菜や果物が並ぶ朝市や、
店主自慢のお宝が揃う骨董市、
収穫したての野菜をたくさん積んだトラック市まで、
市は今日もまちの人々の暮らしを支えています。

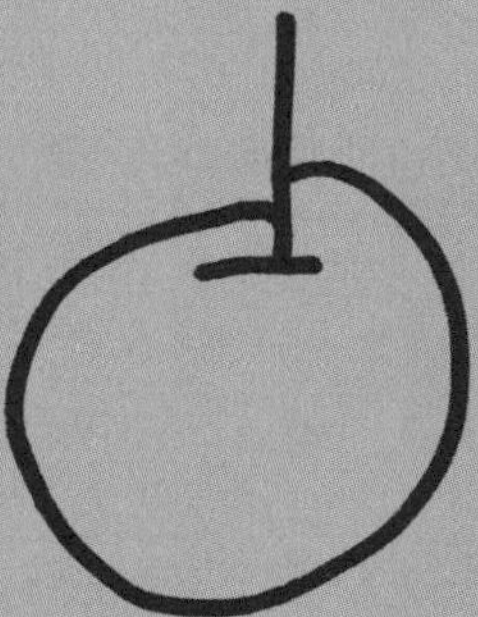

## おいしい朝市《あさいち》

朝露が付いたとれたての野菜や果物、水揚げされたばかりの魚、手づくりの漬物や饅頭……。朝市には、季節ごとに〝おいしいもの〟がズラリ。お母さんとのおしゃべりも楽しくて、つい長居してしまいます。

日曜市
タイムスリップ

⇦明治時代の日曜市

高知の街路市は、1690年に土佐藩第四代藩主・山内豊昌公が高知城下で定期市を認めたことにはじまります。現在のように曜日で市が立つようになったのは明治になり、太陽暦が採用されてから。

毎週日曜

高知県
高知市

# 日《にち》曜《よう》市《いち》

Regular
01
KOCHI
Kochi-shi

## 土佐の文化が詰まった 日本一の規模を誇る街路市

日・火・木・金と、1週間のうち4日も市が開かれている高知市。なかでも、毎週日曜日に開かれる「日曜市」は、高知城から東へ延びる追手筋に400以上ものお店が並び、1日に約1万5千人が訪れる全国でも珍しい巨大街路市です。

土佐弁が飛び交う各店には、買い物カゴを片手に持ったお母さんや、食材を仕入れる料理人、はたまた地元の味を求める観光客が、旬の食材を探しにやって来ます。南国の温暖気候が育んだ土佐文旦、小夏、柚子、梨などの果物や、生産量日本一を誇る生姜に特産野菜のオクラ、土佐沖で捕れたニロギやメヒカリ（目光）の一日干し、さつまいもを揚げた日曜市名物・いも天……etc。販売台に並ぶ豊富な食材をながめていると、いもの茎や、瓜の一種であるチャーテなど、どんな味がするのか好奇心をそそられる食材も。そんなときは、おいしい食べ方を知っているお店の方に聞くのがいちばん。楽しい会話を織り交ぜながら、調理法を教えてくれるはずです。

「日曜市」に並ぶのは食材だけではありません。鯨をかたどった「クジラのナイフ」や竹カゴなどの日用品も揃います。なかには、傷口に塗ると良いとされる「タヌキ油」なんて珍しいものも。この「タヌキ油」は、タヌキからとれる皮下脂肪を塩漬けにしたり、煮詰めて軟こう状にしたものだとか。材料やつくり方をたずねることでそれまで知らなかった文化に触れることができるのも市の醍醐味なのです。

高知の街路市は早朝から夕方まで開かれています。朝食を兼ねて立ち寄り、高知城を観光した後に、再び市で昼食……なんて楽しみ方も。総延長約1・3㎞にも及ぶ「日曜市」では、高知城下に近づくにつれて植木屋や刃物屋が多くなっていきます。観光の場合は、とさでん交通桟橋線「蓮池町通」から高知城に向かって歩くルートがオススメです。

◎DATA／**開催日時：** 毎週日曜日 5：00～18：00（4～9月）、5：30～17：00（10～3月）（出店準備＆撤収の時間含む） **場所：** 高知県高知市追手筋 **アクセス：** とさでん交通桟橋線「蓮池町通」下車すぐ ☎088-823-9456【高知市 産業政策課 街路市係】http://www.city.kochi.kochi.jp/soshiki/39/nichiyouichi.html ◎MEMO／1月1日・2日、追手筋でのよさこい祭り開催期間の日曜日はお休みです。

photo：竹村直也（Takemura Design and planning）（P092-097）

上／4月〜6月に旬を迎える高知特産・小夏。リンゴのように皮をむいて、甘皮部分も一緒に食べるのだそう。　右／全国屈指の柚子産地でもある高知。柚子玉はもちろん、果実酒にも使える果汁・柚子酢・柚子ジュースも。　下／無農薬・無化学肥料で栽培した野菜や焼き菓子、パンなどを販売する「フルヤジ」は地元の人にも大人気。

ニンニク、ハーブ
などを使った
「畑のラー油」
が人気！

とりだち《とれたて》を食べて
もらいたいき、
朝とーから《はやくから》起きて
とってきました

目の前には高知の特産品、耳からは「どんなにして食べるが?」と土佐弁が聞こえ、土地の文化を肌で感じられる。

上／桂浜沖で捕れる深海魚・メヒカリ(目光)の干物も。そのまま焼いて食べても、唐揚げにしてもおいしい。 左／色とりどりの饅頭は、食べ歩きおやつにもピッタリ。ヨモギや文旦など、季節ごとに味もさまざま。

・木曜市
ーポン
象店
土佐の日曜市
手造り
田舎麦みそ
600g 350エン
850g 500エン
そばこ
300
500
じやこ天
一袋 360エン
てんぷら
一袋 360エン
すまき
一袋 340エン
おいしい長浜の
ちくわ 340エン

ひやしあめ
おそば
自然食
うどん
味自慢
あったか〜い
あめゆ
¥100
立ち喰い
そば
¥350
立ち喰い
うどん
¥350
レモン水
110円
冷しあめ
110円
あったか〜い
あめゆ
100円
手打
180エン
丸めん
160エン

週6日

千葉県
勝浦市

# 勝《かつ》浦《うら》朝《あさ》市《いち》

## 晴れの日も、雨の日も　400年以上続く朝市

かつて、〝外房の江戸〟といわれ外房一の都市として栄えた勝浦市。ここに400年以上続く朝市があります。勝浦で朝市がはじまったのは1591年。当時の勝浦城主が農業や漁業を奨励し、その収穫品を交換する目的で市を開きました。現在でも、勝浦朝市には約70軒ほどの店が水曜日をのぞいて毎日並びます。

午前6時になると、道の両端にどんどん店ができはじめます。店先に並ぶのは、地元のお母さんたちが育てた野菜や花、水揚げされたばかりのイカやアジ、漬物や干物などの加工品など、旬のものばかり。なかには、早朝5時に野菜を収穫し、毎日車で1時間をかけてやってくるおばあちゃんも。「冬の寒い時期は大変でしょう?」と声をかけると、「毎日体を動かして、ここでいろんな人とおしゃべりできるのが健康の秘訣よ（笑）」と元気な笑い声が返ってきました。お店の人も常連のお客さんも、日々顔を合わせるため「調子はどう?」と買い物ついでに会話をはずませます。

通りを歩いていると、七輪で干物やお餅を焼く香ばしい匂いにひきつけられます。お店に目を向けると、「ほら、ひとつ食べてみてよ」と差し出される試食。脂がたっぷり乗ったサバの干物、プルプルのわらび餅など、試食をする度に次々とお腹が太鼓判を押すため、気がつけば両手は買い物袋でいっぱいに。「わからないことは耳で聞いて、目と舌で味わって、最後は自分の腹で確かめる」とは、お店のお父さんが教えてくれた「勝浦朝市」の楽しみ方です。

早起きしてお腹がすいても大丈夫。「勝浦朝市」が開かれている下本町朝市通りにある「御食事処いしい」は朝7時からオープン。朝市出店者や地元漁師さんも通うこの定食屋では、地魚料理のほか、勝浦で独自に発展した醤油ベースのタンタンメンも味わえます。

勝浦朝市
タイムスリップ

⇦ **戦前の勝浦朝市**

勝浦朝市がはじまった安土桃山時代、野菜や魚などの収穫品を市以外で売買することは禁じられていたそう。こうした制約があったことで、市は発展を遂げて今日まで続いています。

◎DATA／**開催日時**：水曜日・1月1日をのぞく毎日6:00～11:00　**場所**：勝浦市勝浦下本町朝市通り（1日～15日）、仲本町朝市通り（16日～月末）　**アクセス**：JR「勝浦駅」より徒歩約10分　☎0470-73-6641【勝浦市観光商工課観光商工係】
◎MEMO／朝市会場の近くに市営駐車場もあります。

photo：原田真理（P098-101）

約100年前からこの地で干物を製造・販売している「しぎ商店」。勝浦で捕れたアジやサバの干物は絶品。

甘みが強く、生で食べられる金美人参（3本100円）、炒めておいしいターサイ（50円）。どれも安い！

早朝に野菜を収穫してやってくるお母さんたち。ターサイ、小松菜、白菜などの野菜に加えてお花も。

一度食べたら
クセになる
勝浦朝市名物
わらび餅！

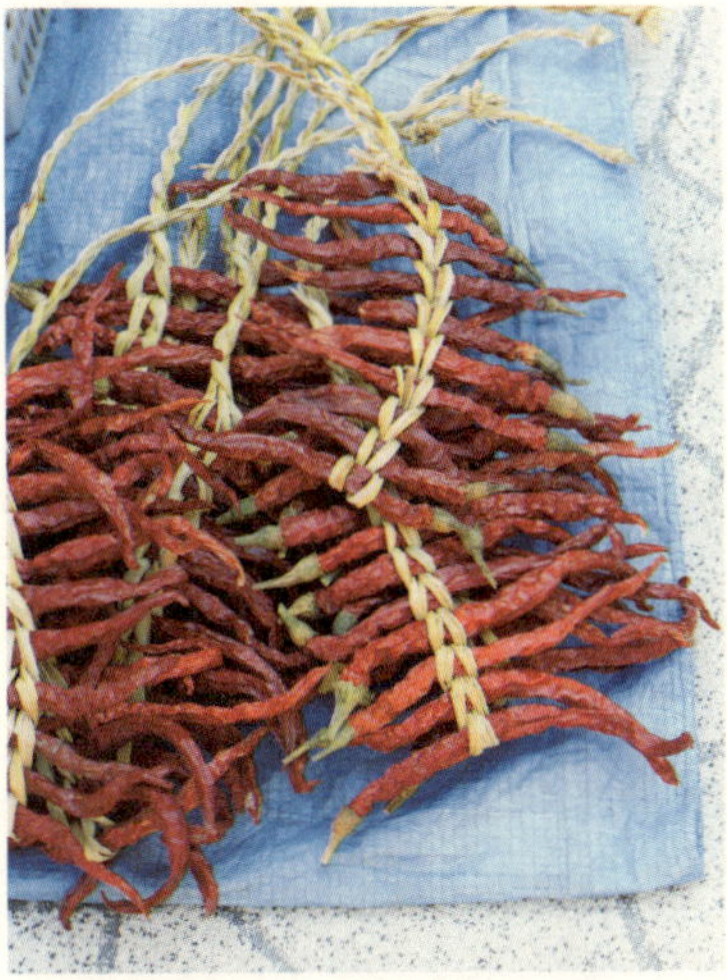

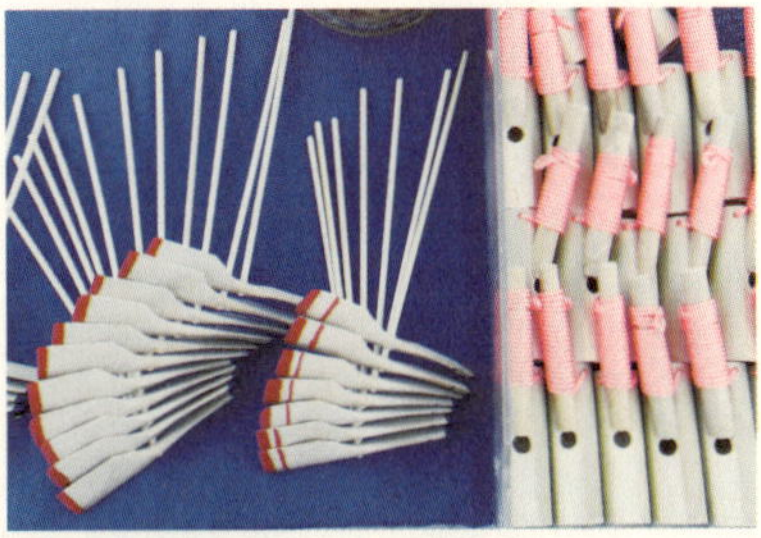

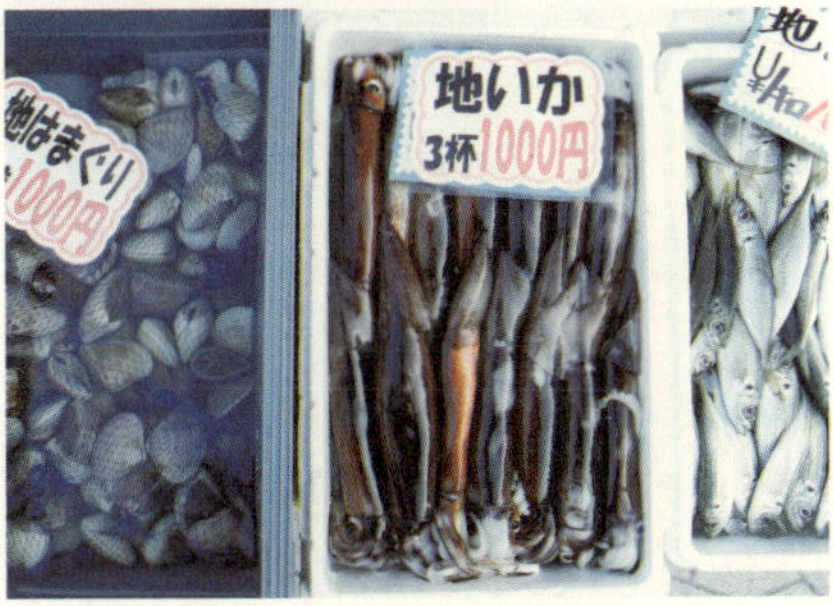


上／おばあちゃんたちがキレイに藁で編んだトウガラシ。もちろん料理に使えるが、魔除けの飾りに使われることも。　**右上**／地元で竹細工の体験教室なども開く竹細工職人・福山格史さんのお店は、子どもたちにも大人気。　**右下**／水揚げされたばかりのイカは、目が澄んでいてキレイ！　1月ごろには見事なカツオも朝市に並ぶのだとか。

おいしい匂いに
誘われて
試食をパクリ

冬場はこうして七輪でお餅を焼いているおばあちゃんも。前を通りかかると「ほら、食べてみ」と差し出してくれた。

毎日

岐阜県
高山市

# 陣屋前朝市《じんやまえあさいち》

## 365日毎朝開かれる高山の台所を支える市

江戸時代の郡代所だった高山陣屋前にて、毎日朝から正午まで開催されている「陣屋前朝市」。自家製の野菜・山菜・漬物・花などを販売する約50店が並び、「よう来てくんさったな」ともんぺ姿のおばあちゃんが優しく迎えてくれます。

高山市の朝市は、1820年ごろに高山別院を中心に開かれた「桑市」にはじまりました。その後、養蚕業の不振により1894年ごろから農家のお母さんたちによって野菜が並べられるようになったそうです。

高山陣屋前で市が立つようになったのは、1922年から。以降現在まで毎日開催され、素朴な飛騨ことばでの掛け合いが、地元の人のみならず多くの観光客を呼んでいます。

**⇧手づくりの民芸品も！**

「陣屋前朝市」では、布ぞうりや飛騨高山の民芸品「さるぼぼ」も販売されています。これらはすべて売り子のお母さんたちの手づくり。

◎ DATA

**開催日時**：毎日7:00～12:00（4月～10月）、8:00～12:00（11月～3月）
**場所**：高山陣屋前　岐阜県高山市八軒町1-5　**アクセス**：JR「高山駅」より徒歩10分　☎0577-32-3333【高山市観光課】
http://www.jinya-asaichi.jp/

Regular
**04**
**ISHIKAWA**
Wajima-shi

毎日

石川県
輪島市

# 輪《わ》島《じま》朝《あさ》市《いち》

**「買うてくだぁー」の呼び声ではじまる輪島の朝**

通称「朝市通り」と呼ばれる商店街に露店が立ち並び、毎朝行われている「輪島朝市」。石川県沖で水揚げされる加能ガニなどの新鮮な海産物、干物、野菜など、通りの両側には輪島の旬を取り揃えた200以上もの露店がズラリ。あちこちから「買うてくだぁー」と、元気なお母さんたちの呼び声が聞こえてきます。

「勝浦朝市」「陣屋前朝市」に並び、日本三大朝市のひとつとされる「輪島朝市」の歴史は古く、平安時代から行われていたともいわれています。1000年以上も輪島で親しまれてきた歴史ある市では、露店の場所があらかじめ決められており、親子何代にもわたって引き継がれています。

**⇧能登のおいしいものが集結**

能登半島の先端に位置する輪島市。はたはたやカニなど、やはり海の幸は絶品です。「輪島朝市」ではその場で刺身を食べられるお店も！

**◎DATA**

**開催日時：** 毎日8:00～12:00（毎月第2、第4水曜日と1月1日～1月3日をのぞく） **場所：** 石川県輪島市河井町朝市通り **アクセス：** 奥能登特急バス「輪島マリンタウン」下車徒歩約5分 ☎0768-22-7653（午前中のみ） http://asaichi.info/

Regular
05
YAMAGATA

Photo：柿原優紀

毎日

山形県
最上郡

## 肘折温泉郷《ひじおりおんせんきょう》朝市《あさいち》

**浴衣に下駄でお買い物**

冬場をのぞき、毎日地元のお母さんたちが温泉旅館の軒先で野菜や山菜を販売する朝市。温泉で疲れた体を癒やし、朝市ではお母さんとの会話に心がほっこり、そして旬の食材でお腹も満足できます。

◎DATA／**開催日：**毎日5:30～7:30（4月末～9月）、6:00～7:30（10月～11月下旬） **場所：**肘折温泉街 山形県最上郡大蔵村南山字肘折 ☎0233-76-2211

Regular
06
IWATE

毎日

岩手県
盛岡市

## 神子田朝市《みこだあさいち》

**盛岡っ子おなじみの台所**

年間315日も開催されている「神子田《みこだ》朝市」。盛岡ならではの餅菓子や凍み大根など、100店以上の店には四季折々のおいしいものが並びます。郷土料理・ひっつみ汁をはじめ、食べ歩きも楽しい。

◎DATA／**開催日：**毎日5:00～8:30（月曜日をのぞく） **場所：**岩手県盛岡市神子田町20-3
☎019-652-1721

Regular
07
MIYAZAKI

毎日

宮崎県
児《こ》湯《ゆ》郡

## 川南《かわみなみ》トロントロン軽《けい》トラ市《いち》

**日本最大の軽トラ市**

約600mにおよぶ商店街に150台もの軽トラが並び、市が開かれます。軽トラの荷台には宮崎県の特産品が盛りだくさん。来場者は毎回1万人を超え、日本一の軽トラ市として知られています。

◎DATA／**開催日：**毎月第4日曜日 8:00～12:15 **場所：**川南町トロントロン商店街 宮崎県児湯郡川南町大字川南13680-1 ☎0983-27-0501

Regular
08
AKITA

Photo：アート
NPOゼロダテ

7のつく日

秋田県
大館《おおだて》市

## 大館七日市日《おおだてなのかいちび》

**雨でも雪でも400年続く市**

毎月7のつく日に開催され、1588年から続く歴史ある朝市。山菜やキノコなどの食材のほかにも、広葉樹でつくられた彼岸花など、日用品も並びます。雪の季節には、こたつで暖をとるおばあちゃんの姿も。

◎DATA／**開催日：**毎月7のつく日 7:00～14:00 **場所：**柳町児童公園 秋田県大館市中町通り
☎0186-42-0693【大館市日会】

大館七日市日（秋田県）／P104　Photo：田尾沙織

## 骨董市《こっとういち》

週末になると、神社の境内や公園で開かれている骨董市。思わぬところで掘り出し物が見つかることもあり、〝宝探し〟のような楽しさがあります。時代を超えて出会う品々はどんな物語を教えてくれるのでしょうか？

日曜

東京都
江東区

# 富《とみ》岡《おか》八《はち》幡《まん》宮《ぐう》骨《こっ》董《とう》市《いち》

## ものを愛する人たちが集う下町の骨董市

１９９４年から開催されている、下町情緒を感じる骨董市。80～１００軒の出店があり、着物や置物、家具、道具、コインなど、あらゆるジャンルの骨董が揃います。はじめて訪れる人にとっては、値段の相場がわからない骨董市は不安なもの。そういうときは遠慮せず店主に声をかけてみましょう。店主はみんな、ものを大切に想う人ばかり。なかには１００年前の見たこともない道具も並んでいたりするので、「これはどうやって使うもの？」とひと声かければ、それまで知らなかった新しい世界を教えてもらえます。もちろん値段も気軽に聞いてOK。交渉次第でお安く購入できることもあるので、店主とのコミュニケーションを楽しみましょう。

⇧なつかしい掘り出し物

レトロなマッチやピンバッチなど、女子にはたまらない掘り出し物も。こけしも骨董市では大きさ・種類が豊富。

◎DATA

**開催日**：毎月第1・2・4・5日曜日6:00～17:00　**場所**：富岡八幡宮　東京都江東区富岡1-20-3　**アクセス**：東京メトロ東西線「門前仲町駅」より徒歩3分　☎090-8948-9323【楽市楽座】
http://www.kotto-rakuichi.com/

◎MEMO

15時をすぎたころから片付けをはじめるお店もあるので、お目当ての品を探すなら午前中から行くのがベスト。

Regular
**10**

**TOKYO**
Chiyoda-ku

日曜

東京都
千代田区

# 大《おお》江《え》戸《ど》骨董《こっとう》市《いち》

**和洋折衷、ジャンル豊富な日本最大規模の骨董市**

毎月第1・3日曜日になると、東京のど真ん中に位置する東京国際フォーラムには2万人もの人が集まります。みんなのお目当ては250軒もの店が並び、日本最大規模を誇る「大江戸骨董市」。

数ある骨董市のなかでも、ここは和骨董から西洋骨董、古民具、版画、おもちゃ、ヴィンテージのアクセサリーやバッグにいたるまで、そのジャンルの豊富さが魅力です。浮世絵の横に北欧家具が並んでいたり、着物と古いリネンの洋服を一緒に悩んだりできるのも、「大江戸骨董市」ならでは。

古いものに新しい価値を見出し、老若男女が行き交う市の光景は、どこか海外の蚤の市を彷《ほう》彿《ふつ》とさせます。

**⇧代々木公園でも開催**

「大江戸骨董市」は不定期で年6～8回代々木公園ケヤキ並木でも開催されています。こちらは、骨董のみならず、作家アイテムが並ぶことも。

◎DATA
**開催日：** 毎月第1・3日曜日 9:00～16:00（5月第1日曜はのぞく） **場所：** 東京国際フォーラム1F地上広場　東京都千代田区丸の内3-5-1 **アクセス：** JR「有楽町駅」より徒歩1分、「東京駅」より徒歩5分　☎03-6407-6011
http://www.antique-market.jp

◎MEMO
屋外開催のため、東京国際フォーラム・代々木公園ともに雨天中止です。

Regular 11 TOKYO

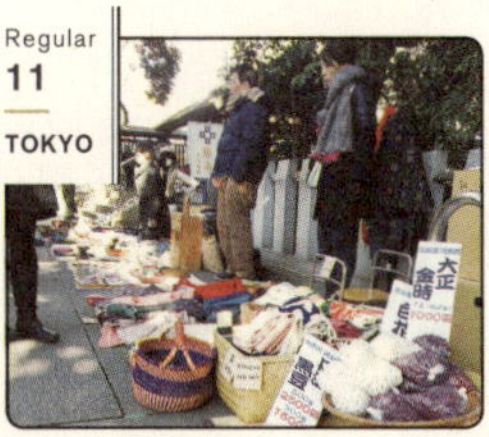

日曜

東京都 港区

## 乃《の》木《ぎ》神《じん》社《じゃ》骨《こっ》董《とう》蚤《のみ》の市《いち》

**関東で最も歴史ある骨董市**

１９７７年にはじまり、関東一の歴史を誇る骨董市。２０１１年に休止されていたものの、若いメンバーが中心となり２０１４年に復活。日本の古き良きものを中心に、産地直送の野菜も販売。

◎DATA／**開催日**：毎月第4日曜日　**場所**：乃木神社　東京都港区赤坂8 - 11 - 27　**問い合わせ**：nogikotto@gmail.com　http://www.nogikotto.com/

Regular 12 KYOTO

photo: 吉田佐兵衛

日曜

京都府 京都市

## 東寺《とうじ》がらくた市《いち》・手《て》作《づく》り市《いち》

**世界遺産と宝探しを堪能**

創建から１２００年、世界遺産にも登録されている東寺で毎月第１日曜日に開催。東寺の市といえば、毎月21日の「弘法市」が有名ですが、骨董と手づくりの品が並ぶこちらもオススメ。

◎DATA／**開催日**：毎月第1日曜日　**場所**：東寺　京都市南区九条1　☎0774 - 31 - 5550【東寺出店運営委員会】　http://www.touji-ennichi.com/

Regular 13 OSAKA

photo: 吉田佐兵衛

毎月21日｜22日

大阪府 大阪市

## 四《し》天《てん》王《のう》寺《じ》大《だい》師《し》会《え》・太《たい》子《し》会《え》（四天王寺骨董市）

**掘り出し物が眠る箱がいっぱい**

2日連続で行われる縁日に、３０軒もの店が並ぶ骨董市。昭和のガラス製品や、傘だけを売る店も。足下にも民芸品や道具類などが詰められたガラクタ箱が所狭しと並べられています。

◎DATA／**開催日**：毎月21・22日 8:00〜17:00　**場所**：四天王寺　大阪市天王寺区四天王寺1-11-18　☎06-6771-0066　http://www.shitennoji.or.jp/

Regular 14 KYOTO

photo: 吉田佐兵衛

毎月25日

京都府 京都市

## 北《きた》野《の》天《てん》満《まん》宮《ぐう》骨《こっ》董《とう》市《いち》（天神さんの市）

**観光しながら骨董市デビューも**

毎月25日の縁日に開かれる、通称「天神さんの市」。京都を代表する骨董市のひとつで、アンティーク着物やガラス製品、刀の鍔《つば》など、掘り出し物を探しに骨董ファンから観光客までが訪れます。

◎DATA／**開催日**：毎月25日 6:00〜16:00　**場所**：北野天満宮　京都市上京区馬喰町　☎075-461-0005　http://kitanotenmangu.or.jp/

東寺弘法市（京都府）／P113　Photo：吉田佐兵衛

# 日々の市ごよみ

全国各地で行われている朝市や骨董市をご紹介。

## 朝市

### 新潟県

**➡ 一の日市**

（毎月1・11・21日 7:00～正午ごろ）
場所：新潟県上越市柿崎区第3区・第4区

**➡ 二・七の市**

（毎月2・7・12・17・22・27日 7:00～正午ごろ）
場所：新潟県上越市大町3丁目

**➡ 三・八の市**

（毎月3・8・13・18・23・28日 7:00～正午ごろ）
場所：新潟県上越市中央2・3丁目

**➡ 四・九の市**

（毎月4・9・14・19・24・29日 7:00～正午ごろ）
場所：新潟県上越市大町4・5丁目

☎（共通）025-526-5111【上越市観光振興課】

### 青森県

**➡ 館鼻《たてはな》岸壁朝市**

（毎週日曜日［3月中旬～12月］ 日の出～09:00）
場所：青森県八戸市新湊 館鼻岸壁
☎0178-27-3868【協同組合湊日曜朝市会】
http://www.ukipal.jp/web_asaichi/tatehana/top/

### 秋田県

**➡ 五城目《ごじょうめ》朝市**

（毎月2·5·7·0のつく日 8:00～12:00）
場所：秋田県南秋田郡五城目町下タ町通り（朝市通り）
☎018-852-5342
【秋田県五城目町役場まちづくり課】

### 宮城県

**➡ ゆりあげ港朝市**

（毎週日曜・祝日 6:00～10:00）
場所：宮城県名取市閖上5-23-20
☎022-395-7211【ゆりあげ港朝市協同組合】
http://yuriageasaichi.com/

### 佐賀県

**➡ 呼子《よぶこ》朝市**

（毎日 7:30～12:00［元旦休み］）
場所：佐賀県唐津市呼子町呼子朝市通り
☎0955-82-3426【呼子朝市組合】

### 岐阜県

**➡ 飛騨高山宮川朝市**

（毎日 6:30～12:00［冬季は8:00～12:00］）
場所：岐阜県高山市下三之町宮川沿い
☎0577-72-2669【飛騨高山宮川朝市協同組合】

### 長崎県

**➡ 勝本朝市**

（毎日 8:00～12:00）
場所：長崎県壱岐市勝本町勝本浦204-1
☎0920-48-1111【壱岐市観光商工課】

### 岡山県

**➡ 備前岡山京橋朝市**

（月に1回不定期 6:00～10:00）
場所：岡山県岡山市北区京橋町京橋西詰め
旭川河川敷広場ほか
☎086-231-9373【京橋朝市実行委員会】

# 骨董市

## 静岡県

⇨ **静岡縣《しずおかけん》護國《ごこく》神社蚤《のみ》の市**

(毎月最終土曜・日曜日 日の出〜15:30［冬期15:00］)
場所：静岡縣護國神社参道　静岡県静岡市葵区柚木366
☎054-253-1478【葵古美術・静岡のみの市会】

## 千葉県

⇨ **成田山開運不動市**

(毎月28日［1月をのぞく］7:00〜16:00)
場所：成田山新勝寺　千葉県成田市成田1番地
☎0476-22-2102【成田市観光協会】

## 愛知県

⇨ **大須観音骨董市**

(毎月18日・28日 早朝〜夕方)
場所：大須観音　愛知県名古屋市中区大須2-21-47
☎052-261-2287【大須商店街連盟】

## 埼玉県

⇨ **川越成田不動尊蚤の市**

(毎月28日 5:00〜16:00)
場所：成田山川越別院　埼玉県川越市久保町9-2
☎049-222-0173

## 京都府

⇨ **東寺《とうじ》弘法市**

(毎月21日 5:00〜16:00)
場所：東寺（とうじ）　京都市南区九条町1
☎0774-31-5550【東寺出店運営委員会】

## 栃木県

⇨ **大前《おおさき》神社お宝骨董市**

(毎月第2日曜日［11月のみ第3土曜日］
8:00〜日没まで)
場所：大前（おおさき）神社　栃木県真岡市東郷937
☎0285-84-8600

## 京都府

⇨ **豊国《ほうこく》神社おもしろ市**

(毎月8日・18日・28日 10:00〜15:00)
場所：豊国神社　京都市東山区大和大路正面茶屋町
http://www.omosiro1.com/index.html

## 東京都

⇨ **靖国神社青空骨董市**

(毎月日曜日 日の出〜日没まで)
場所：靖国神社　東京都千代田区九段北3-1-1
☎090-2723-0687

## 大阪府

⇨ **道明寺天満宮骨董市**

(毎月25日、第2日曜日 8:00〜夕方ごろ)
場所：道明寺天満宮
　　大阪府藤井寺市道明寺1-16-40
☎072-953-2525

## 東京都

⇨ **高幡不動ござれ市**

(毎月第3日曜日 7:00〜16:00)
場所：高幡不動尊　東京都日野市高幡733
☎090-3314-1994【かながわ骨董市】

## 福岡県

⇨ **風の市場 筥崎宮《はこざきぐう》 蚤の市**

(年10回程度開催 8:00〜15:00)
場所：筥崎宮（はこざきぐう）
　　福岡県福岡市東区箱崎1-22-1
☎070-5693-2221

## 東京都

⇨ **町田天満宮がらくた骨董市**

(毎月1日 7:00〜16:00)
場所：町田天満宮　東京都町田市原町田1-21-5
☎090-3314-1994【かながわ骨董市】

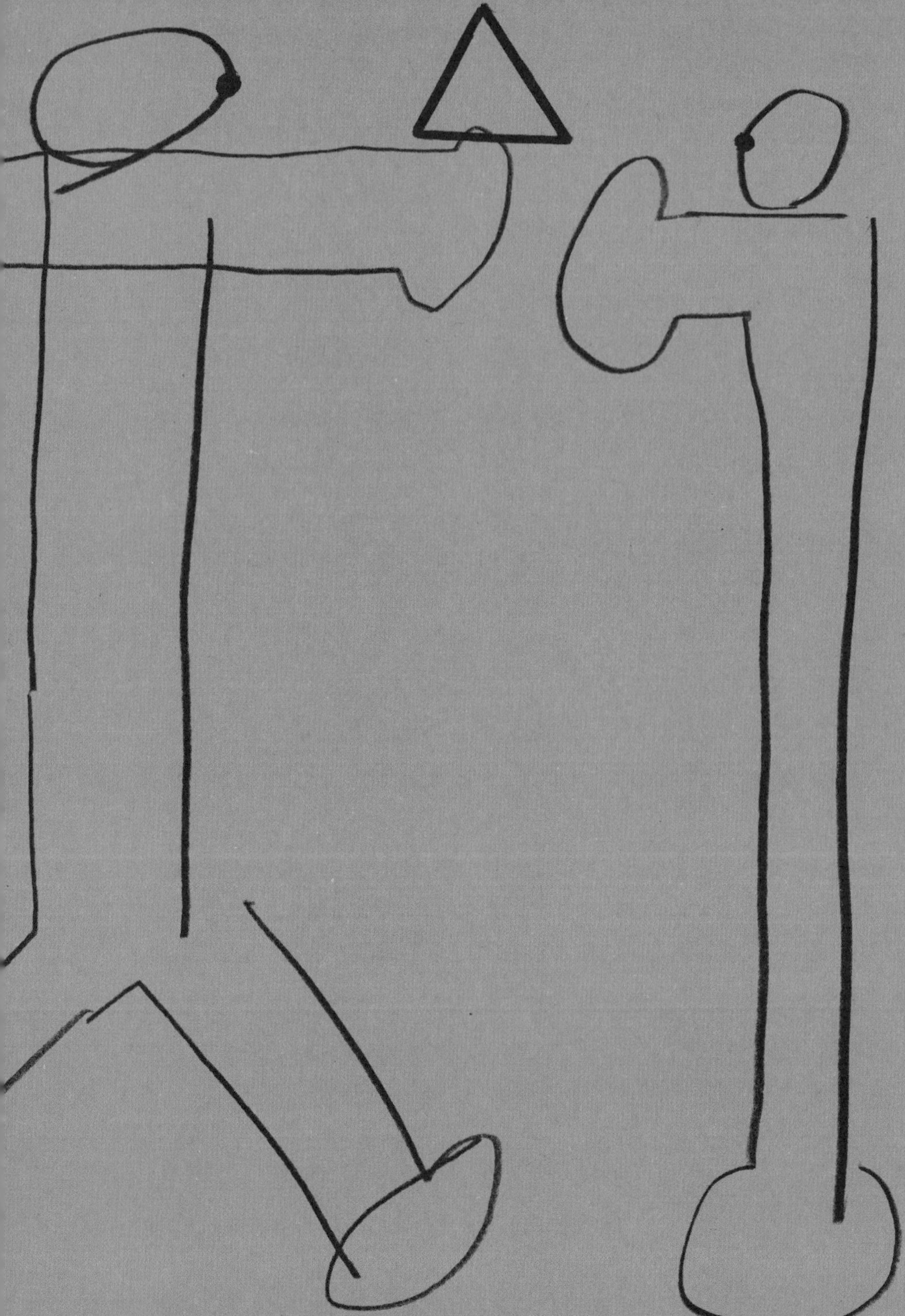

# CRAFT × FOOD MARKET

つくり手と受け手が出会う市は、
互いの価値感や感性を育む場でもあります。
個性豊かな作品とおいしい食事、
軽快な音楽が融合した新しい市が今、
日本各地で生まれています。

# 手《て》紙《がみ》社《しゃ》の市《いち》

クラフト・フード・音楽が混ざり合い、
心地良い空間を生み出す「もみじ市」や、
来場者2万人を超す
「東京蚤《のみ》の市」を手がけるのは、
調布に拠点を置く手紙社。
多くの人を魅了する
手紙社の市が生まれた
背景に迫ります。

市のはじまりを
お話しします

⇧INTERVIEW
手紙社　加藤周一さん

## 大人を夢中にさせる市はエンターテインメント

**――「もみじ市」や「東京蚤の市」を手がけられるきっかけを教えてください。**

手紙社の代表・北島勲はもともと雑誌の編集者なのですが、知り合った作家さんたちと「何か楽しいことをやりたい」という想いから「もみじ市」がはじまったんです。回数を重ねて規模が大きくなった今でも、手紙社の市は出店者の公募をしていないんですね。それぞれの市に色があるので、常にリサーチをして作家さんに交渉して出店していただいています。「手紙社の市に来れば何かいい出会いがある」そう思っていただけたら嬉しいです。

**――「もみじ市」のいちばんの魅力は？**

「もみじ市」は、各方面で活躍する作家さんが全力で遊ぶ〝大人の文化祭〟なんです。みなさんブースもすごく凝っていて、この日だけのために作品やディスプレイを準備してくださっています。お客さんも〝ものを買う〟というより、作家さんから〝譲り受ける〟感覚が強いように思いますね。

**――年2回、調布の競輪場で開催される「東京蚤の市」は来場者が2万人を超える大きな市ですよね。**

「東京蚤の市」は「パリで開催されているような蚤の市が日本にもあったらいいのに」というところからスタートしました。蚤の市だと〝古いもの〟がテーマになるんですけど、そこからの解釈を広げることでいろんなことができるようになります。アンティーク、古書、フード、ワークショップ、ステージと、各エリア単独でもひとつの市にできるぐらいのボリューム感なんですよ。僕自身は、「市はエンターテインメント」だと思っているので、音楽を楽しめたり、大道芸を見られたり、いろんな要素がバランス良く入り交じっている空間にしたいですね。

**――市をより楽しむためのアドバイスはありますか？**

1日中いても楽しみきれないほど、いろんなことを盛り込んでいるので、ぜひ朝から来ていただきたいですね。事前に出店者の紹介をかなりのボリュームでwebサイトにアップしているので、それを読んでいただくと当日もより一層楽しんでいただけると思います。

Market
01

TOKYO
Chofu-shi

秋

東京都
調布市

# 手紙社の市①
# もみじ市《いち》

## 多摩川河川敷で開催される大人の文化祭

秋晴れの空の下、多摩川河川敷にはおいしそうな匂いと心地良い音楽、個性的なブースや作品が大集合。２００６年にスタートした「もみじ市」は、毎年テーマを決めて開催されています。10回目を迎えた２０１４年は「１００人の個展」と題し、１００組の作家やデザイナーが「もみじ市」のために作品を出展。家のかたちをしたブースもあり、出店者自身も楽しんでいる様子が伝わってきます。芝生が広がる会場でのピクニックも◎。

**©DATA**

**開催日**：毎年秋に開催予定（開催日はWebサイトにて公開）
**場所**：東京都調布市多摩川河川敷　**アクセス**：京王線「京王多摩川駅」より徒歩３分　☎042-444-5367【もみじ市実行委員会事務局（手紙社内）】http://momijiichi.com/

おかいもの

愛らしくて誰かにプレゼントしたくなるnuriさんのキャンドル。

1回目の「もみじ市」から参加している陶芸家・小谷田潤さんの器たち。毎年小谷田さんの作品に出会うのを楽しみにしている人も多いそう。

春｜秋

東京都 調布市

## 手紙社の市②
# 東京蚤《とうきょうのみ》の市《いち》

Market
**02**

**TOKYO**
Chofu-shi

### 競輪場がアンティークのテーマパークに

「東京蚤の市」は、古き良きものとそれらを愛する人々が集う一大マーケット。店主自慢のセレクトアイテムが並ぶ各エリアは、まるで小さな商店街のよう。また、ひとつの市の中にスピンオフ企画が織り込まれているのも手紙社の市の特徴。2014年は北欧の家具や雑貨が一堂に会する「東京北欧市」も開催。お目当ての逸品を求めて2万人もの人でにぎわいます。

「東京蚤の市」は入場料（500円）が必要。
チケットはスタンプラリーが楽しめる。

◎DATA／**開催日**：毎年春・秋に開催予定（開催日はWebサイトにて公開）　**場所**：東京オーヴァル京王閣　東京都調布市多摩川4-31-1　**アクセス**：京王線「京王多摩川駅」降りてすぐ　☎042-444-5367【手紙社】http://tokyonominoichi.com/

photo：原田真理（P118-123）

「THUMB AND CAKES」のかわいらしいカップケーキ。フードエリアはおやつからランチまでメニューも充実。

**上**／カラフルなテントに設けられたステージでは、異国情緒あふれるアーティストライブやニシワキタダシさんのトークも。
**下**／好みのパーツを選び、その場でネームプレートを制作できるワークショップも。DIYが苦手な人でも簡単につくれます。

「手紙社」だけに
ポストをモチーフにした
オリジナルキャラクターも！

来場者の投票で決定する「ディスプレイ大賞」が設けられていることもあり、各店ともに個性的な店構え。

会場のあちこちで大道芸!!

「てまわしオルガンKINO」さんのどこか懐かしい音色が、会場に響く。

**右上**／家を華やかにしてくれる植物たちも。写真は寄せ植えやドライフラワーのリースを販売していた「poppy seeds」。 **左上**／海外の絵本や昭和の雑誌など、古書エリアには17軒もの古書店がズラリ。ステージでは珍しい活弁のパフォーマンスも。

「東京北欧市」も同時開催!!

会場の一角では、北欧家具や雑貨を扱う18軒のお店が参加する「東京北欧市」も。アンティーク家具に似合う北欧の器やカゴが並ぶ。

白樺のバスケット（19,440円）。

持ち手が左右についたプラスチックマグ（2個2,500円）。

# 「東京蚤の市」のおかいもの

**オリジナル切手**

「東京蚤の市」のメインビジュアルを手がけるニシワキタダシさんのオリジナル切手（1枚52円）。

**レトロタイルのコースター**

古い図案をかわいらしく復刻させる「夜長堂」では、レトロなタイルを発見。コースターに使いたい（各600円）。

**すずらんのグラス**

パリに拠点を構える「histoire」がこの日のためにセレクトして来日した、小さなすずらんグラス（各1,400円）。

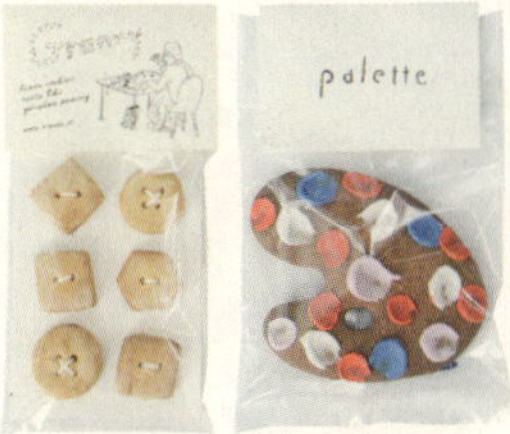

**「cineca」のクッキー**

映画を題材にしたお菓子を制作する「cineca」。ジンジャークッキー（1,512円）とレモンクッキー（540円）。

**焼きリンゴとグラノーラのパルフェ**

カップに入ったパルフェは歩きながらのおやつタイムにピッタリ。香ばしい焼きリンゴがクセになります（700円）。

**鶏と季節野菜のコンフィークスクス添え**

栃木県の「ササヤカフェマルヨシ」自慢の逸品。歩きまわった後は、しっかりと腹ごしらえ（950円）。

**関西では競馬場にて「関西蚤の市」開催！**

2014年10月には、「東京蚤の市」がいよいよ関西に進出。阪神競馬場にて行われた「関西蚤の市」は3万人を超す来場者が訪れ、東京とはまた異なる顔ぶれの出店者が集います。

◎DATA

**開催日**：毎年秋に開催予定（開催日はWebサイトにて公開）
**場所**：JRA阪神競馬場　兵庫県宝塚市駒の町1-1　**アクセス**：阪急今津線「仁川駅」より徒歩5分　☎042-444-5367
**【手紙社】** http://tokyonominoichi.com/kansai/

NIKKO COFFEE
NIKKO COFFEE
注文口
SOUTHERN CROSS
コーヒー麻袋

インド煮
950
500
700
500
Maruyoshi
Rhythble

# 手《て》創《づく》り市《いち》

東京・池袋にある鬼子母神・大鳥神社で
2006年から開催され、
現在では千駄木・養源寺や静岡でも
開かれている「手創り市」。
つくり手と受け手をゆるやかな
コミュニケーションでつなぐ市は、
少しずつその輪を
広げています。

市のはじまりを
お話しします

INTERVIEW
名倉 哲さん

## 市が結ぶモノと人の心地良い関係

――「手創り市」をはじめられるきっかけを教えてください。

東京・板橋でカフェギャラリーをやっていて、そこで個展や企画展でたくさんの作家さんと仕事をさせてもらいました。個展は作家さんにとって労力をかけた〝ハレの舞台〟。ある種、非日常的なものです。もっと日常の延長にある展示会ができないかと考えていたときに、京都で開催されている「手づくり市」を訪れたんですね。個人のお店がズラッと並んでいて、お客さんとのコミュニケーションもとれるシンプルでわかりやすい場に刺激を受けました。当時はまだ東京にそういった場がなかったので、自分でつくろうと思いましたね。

――鬼子母神・大鳥神社を会場に選ばれた理由は？

休日にここでのんびりするのが好きだったんですよ。自分の思い入れがある場所でやりたかったので、2006年の正月を過ぎたころに企画書を持ち込んで、毎月1回いろんなお話をさせていただきました。2006年10月に1回目を開催したときは、31組ほどの出店者でしたが、春になると毎月10組ずつ増えていき、今は200組ほどの方に出店していただいています。

――静岡や千駄木へはどのように広がっていったのですか？

「手創り市 雑司ヶ谷」開催当初は、働きながら制作をしていた方も作家活動に専念する方が増えていて。そういう方たちの新しい場をつくりたいと思い、2009年に自分の出身地・静岡で「ARTS & CRAFT SHIZUOKA」をはじめました。千駄木の「& SCENE 手創り市」は、養源寺さんからお声がけいただいたのがきっかけですね。本堂の中でライブを開催したりと、「手創り市 雑司ヶ谷」とはまた違った楽しみ方ができます。

――「手創り市」をより楽しむためのアドバイスはありますか？

つくった人が目の前にいるので、まずは会話を楽しんでください。そうやって買ったものは、使っていてもつくった人の顔や話が浮かんでくるもの。それはとてもシンプルで気持ちのいいことだと思います。

Market
03
TOKYO
Toshima-ku

毎月

東京都
豊島区

手創り市①

# 手《て》創《づく》り市《いち》雑《ぞう》司《し》ヶ《が》谷《や》

## 境内いっぱいに広がる小さな展示会

大通りを一歩入ると、都会の喧騒が嘘のように穏やかな時間が流れる鬼子母神があります。ここで毎月開催されているのが、約200組が出店する「手創り市 雑司ヶ谷」。洋服、アクセサリー、器やオブジェなど、さまざまな〝手創り〟のものが並びます。〝気になるもの〟を〝宝物〟に変えるのは、つくり手とのコミュニケーション。「これはどうやってつくられたんですか？」そんなひと言から、宝物との出会いがはじまります。

◎DATA

**開催日時**：月1回9:00～16:00（開催日はWebサイトにて公開）　**場所**：雑司ヶ谷鬼子母神　東京都豊島区雑司が谷3-15-20　**アクセス**：JR「池袋駅」東口、JR「目白駅」より徒歩約15分　http://www.tezukuriichi.com/

鬼子母神に参拝！

「手創り市 雑司ヶ谷」が開かれている鬼子母神にもご挨拶を。子授けのご利益があるというザクロの絵馬も。

市に並ぶアイテムは1点ものが多く、毎月出店者も異なるため、お気に入りの作家や作品との出会いはまさに一期一会。

偶数月

東京都
文京区

手創り市②

# & SCENE 手創《てづく》り市《いち》

Market
04
TOKYO

おかいもの

名倉さんもコップを愛用しているという陶芸作家・布田文子さんの花器。

## 境内に広がる小さな展示会

かつてお寺は、学びの場であり、地域の老若男女が集う憩いの場でもありました。「& SCENE 手創り市」は、「お寺をみんなが楽しく共有できるスペースにすることで、本来の姿を知ってもらいたい」という養源寺住職の奥様からの声がけがきっかけで2012年にスタート。

養源寺本堂ではアーティストによるライブも行われ、境内には約100組もの出店者ブースが並ぶほか、ギャラリー&寺子屋「逢む」でも作家による展覧会が開催されています。

◎DATA／**開催日時**：偶数月第4日曜日 9:00〜16:00　**場所**：養源寺　東京都文京区千駄木5-38-3　**アクセス**：東京メトロ南北線「本駒込駅」より徒歩3分、東京メトロ千代田線「千駄木駅」・都営三田線「白山駅」より徒歩10分　http://www.andscene.jp/

10月 4月

静岡県
静岡市

手創り市③

# ARTS & CRAFT SHIZUOKA

Market
05
SHIZUOKA

散策もオススメ！

会場は静岡縣護國神社の拝殿へと続く正参道。照葉樹に囲まれているため、ハンモックで遊ぶ子どもの姿も。

## 暮らしを見つめる丁寧なものづくり

緑豊かな静岡縣《しずおかけん》護國《ごこく》神社で開催される野外クラフトフェア。

出店するのは、陶器やテキスタイルなど、ものづくりを生業とする人々。「ものづくりに携わる人にとって、〝もの〟を置くスペースも〝表現の場〟なんです」と名倉さん。出店者が存分に表現できるよう、十分なスペースを確保するため、故郷である静岡県での開催を選んだのだそう。「ARTS & CRAFT SHIZUOKA」では、暮らしの質を高めてくれる丁寧なものづくりに触れられます。

◎DATA／**開催日時**：毎年4月・10月（開催日はWebサイトにて公開）　**場所**：静岡縣護國神社　静岡市葵区柚木366　**アクセス**：静岡鉄道「柚木駅」より徒歩3分、JR東海道線「東静岡駅」より徒歩15分　**問い合わせ**：shizuoka@tezukuriichi.com　http://www.shizuoka-tezukuriichi.com/

ARTS & CRAFT SHIZUOKA（静岡県）／P126

Market
**06**

**TOKYO**
Shinagawa-ku

春｜秋

東京都
品川区

# EASE CREATOR'S MARKET

## 第一線で活躍するクリエイターが集結

撮影や展示会などでビジュアルサポートやブランディングを手がける「EASE」。普段は撮影にも使われているオシャレなショップ空間を使い、スタイリストやクリエイターが参加するマーケットが「EASE CREATOR'S MARKET」です。アクセサリーや雑貨、フードを通して個性豊かな世界観やスタイルを提案する参加者に、「EASE」の家具や小道具が加わり、まるで海外へトリップしたかのような感覚を味わえます。

◎DATA
**開催日**：毎年春・秋に開催（開催日はWebサイトにて公開）
**場所**：EASE VILLAGE　東京都品川区西五反田3-1-2
**アクセス**：JR「目黒駅」より徒歩3分　☎03-5759-8261
【EASE】　http://iziz.co.jp/

**市で
ヘアカット!?**

マーケットの一角では、その場でヘアカットしてもらえる「青空びようしつ by ar.t」も！

有機野菜などの食材や、フードコーディネーターが手がけるお菓子や料理など、フードも充実。

毎月

京都府
京都市

# 百《ひゃく》万《まん》遍《べん》さんの手《て》づくり市《いち》

Market
07
KYOTO

姉妹市も!

姉妹市「梅小路公園手づくり市」会場近くには「京都水族館」などがあるため、家族で訪れる人も多いそう。

## 京都のお寺に並ぶ450組の青空個展

毎月15日、百万遍知恩寺境内に450組の手づくりの品が所狭しと並びます。「素人さんがつくった手づくりの作品を発表する青空個展会場を設けたい」という思いで1987年にスタートした「百万遍さんの手づくり市」。1万人もの来場者が訪れる人気ぶりで、2006年からは京都駅にほど近い梅小路公園七条入口イベント広場にて「梅小路公園手づくり市」も毎月第一土・日曜に開催しています。毎月出店者が入れ替わるため、何度足を運んでも新しい出会いが待っています。

◎DATA／**開催日時**：毎月15日8:00～16:00（雨天決行）　**場所**：百万遍知恩寺境内　京都府京都市左京区田中門前町103　**アクセス**：京阪電車「出町柳駅」より徒歩約10分　☎075-771-1631【手づくり市事務局】
http://www.tedukuri-ichi.com

春｜秋

福島県
いわき市

# やびな市《いち》

Market
08
FUKUSHIMA

おかいもの

福田さん、比佐さんとのつながりで、見た目も味も一度食べたら忘れられない「ゼリーのイエ」も出店。

## 東京といわきから〝好きなもの〟が集う

鹿児島出身・いわき在住の福田さんと、いわき出身・東京在住の比佐さんが、それぞれ好きな人や店に声をかけてスタートした「やびな市」。「毎回東京から福田に紹介したい友達やミュージシャンを連れて、大人の遠足気分です」と、「やびな市」の度にいわきに帰省する比佐さん。回を重ねるごとに、東京といわきの輪がどんどん広がっているそうです。

毎回30組が出店し、5組のアーティストによるライブやワークショップなど、ここにはふたりの〝好き〟が詰まっています。

◎DATA／**開催日**：毎年春・秋に開催（開催日はWebサイトにて公開）
**場所**：菩提院　福島県いわき市平字古鍛冶町59　**アクセス**：JR常磐線「いわき駅」より徒歩20分
http://lathocidesign.net/pomato.html

# 5月

高知県
高知市

## ヴィレッジ
## ～モノと食と音が奏でる土日市～

Market
09
KOCHI

おかいもの

Photo：竹村直也（Takemura Design and Planning）

高知在住のデザイナー・田中修二さんの「ミニミニセメントハウス」。ついひとつ持って帰りたくなるかわいさ！

### 高知から全国へ発信
### モノ・食・音が集う市

自営業率全国1位を誇る高知県内で活動するものづくり作家や、工芸品を扱うショップ、食材や調理にこだわりを持つ飲食店が一堂に会する市。2013年に開催した記念すべき1回目には、約80組が出店し、2日間で1万人が来場。新たな全国規模のクラフトマーケットとして注目が集まっています。

会場となる公園や神社には、陶芸・ガラス・木工・服飾のみならず、地元でとれた新鮮な野菜たちも並び、鏡川を背景にアーティストによるライブも行われます。

◎DATA／**開催日**：5月第3土曜・日曜日（開催日はWebサイトにて公開）　**場所**：鏡川みどりの広場・鷹匠公園・山内神社　高知県高知市鷹匠町　**アクセス**：とさでん交通路面電車「はりまや橋」より約4分、「県庁前」下車徒歩約5分　http://village-kochi.com/



# 9月

福岡県
糸島市

## 糸島《いとしま》
## クラフトフェス

Market
10
FUKUOKA

おかいもの

展示・販売されている作品は、糸島の工房で制作されたもの。こんなちょっと個性的なシーサーも。

### 糸島の作家たちが
### 年に一度集まる市

福岡県の西にある、美しい海と田園風景が広がる糸島市。多くのアーティストやクラフト作家が移住していることでも知られるこの街には、なんと100軒以上もの工房があります。

ひとつひとつの工房を訪ね歩くのは至難の業ですが、そのほとんどの工房が参加し、展示・販売を行うのが「糸島クラフトフェス」です。

陶芸・木工・ジュエリー・染色……etc、ここに来れば、糸島で暮らし、制作活動を行うアート&クラフト作家に出会えます。

◎DATA／**開催日**：毎年9月に開催（開催日はWebサイトにて公開）　**場所**：志摩中央公園　福岡県糸島市初　**アクセス**：JR筑肥線「筑前前原駅」下車より臨時バスにて約10分　☎080 - 4287 - 4356　http://itofes.com/

## 10月

埼玉県 川口市

# 川《かわ》口《ぐち》暮《く》らふと

Market 11 SAITAMA

＼おかいもの／

富山県で工房を構える「craft mocca」も出店。ひとつひとつ手で削りだした花器はうっとりする美しさ。

### ものづくりの精神を今に受け継ぐ

“鋳物の街”として栄えてきた埼玉県川口市。ものづくりとともに歩んできた街として、もう一度その精神に立ち返り、暮らしを見つめなおそうとスタートしたのが「川口暮らふと」です。全国各地から現代のつくり手が集まり、新しい表現と根底にある伝統的な技法の両方に触れることができます。

県内各地の人気店が並ぶフードブースのほか、地元で魅力的な活動を行う団体を紹介する「地域紹介ブース」や、芝生でゆったりと楽しめる音楽ライブも。

◎DATA／**開催日**：毎年10月に開催（開催日はWebサイトにて公開）
**場所**：アートパーク（並木元町公園） 埼玉県川口市並木元町1-1 **アクセス**：JR「川口駅」東口から徒歩約8分 http://k-kurafuto.com/

---

## 10月

大阪府 大阪市

# あべの王子《おうじ》みのり市《いち》

Market 12 OSAKA

＼おかいもの／

神の使い・ヤタガラスガラスをかたどった「みのり飴」や手ぬぐいなど、オリジナルグッズも。

### 神社の秋祭りを盛り上げる市

毎年10月15日に阿倍王子神社で行われる秋季例大祭に合わせて、境内で開催される「あべの王子みのり市」。関西一円からこだわりのオーガニックフードやクラフト雑貨などのお店が約70店集結します。

また、境内では子どもたちがヤタガラスの衣装を着て神様のもとへ願いを届ける「ちびっこヤタガラスのマーチ」や、「子供紙相撲大会」など、毎年趣向をこらした神事イベントも行われ、子どもたちの元気な声がより一層秋祭りをにぎやかに盛り上げます。

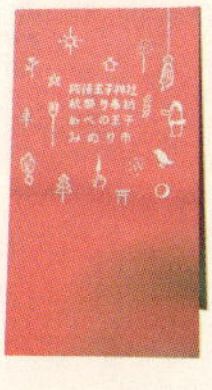

◎DATA／**開催日**：10月15日前後の土曜・日曜日 **場所**：阿倍王子神社境内 大阪府大阪市阿倍野区阿倍野元町9-4 **アクセス**：阪堺電車上町線「東天下茶屋駅」より徒歩5分 ☎06-6622-7820 http://minori-ichi.net/

Photo：清水いつ子

# 10月

石川県
七尾市

## 島のクラフトマーケット
## のとじま手《て》まつり

Market
13
ISHIKAWA

### 能登島の魅力をまるっと味わえる市

市の頭文字をとって「のて」の愛称で親しまれているクラフトマーケット。東京ドーム15個分の芝生には、約100組のブースが並びます。目の前は七尾北湾が広がる絶景ポイント。クラフト作家さんとのおしゃべりに花を咲かせつつ、飲食ブースのおいしいフードをお気に入りのロケーションでゆっくり味わうのも「のて」の楽しみ方。

能登島には「のとじま水族館」や「能登島ガラス美術館」など観光施設も豊富なので、市とあわせて週末まるごと能登島をめぐるのがオススメ。

＼ おかいもの ／

「のて」ではクラフト作家の移住を推進しているため、この市を機に能登島に興味を持つ作家も増えているのだそう。

◎DATA／**開催日**：10月第3土曜・日曜日（開催日はWebサイトにて公開） **場所**：能登島家族旅行村Weランド 芝生広場 石川県七尾市能登島向田町牧山 **アクセス**：関越・上信越・北陸自動車道、小矢部JCTから能越道へ。七尾城山ICから40分 ☎0767-84-1173【能登デザイン室内】 http://www.tematsuri.com



# 11月

兵庫県
篠山《ささやま》市

## ササヤマルシェ

Market
14
HYOGO

### 京阪神から人気店も集まる城下町の市

江戸時代から続く商家や町家が建ち並ぶ情緒溢れる通りに、作家・農家・京阪神のショップや地元の店など約100店舗が軒を連ねます。パンやコーヒー、雑貨、手仕事をはじめ、古民家を利用したショップも登場し、過去には「ササヤマルシェ」をきっかけにこの地でお店をはじめた人もいるのだそう。

また、開催時期は、黒枝豆など篠山の名産品が豊富な季節。旬の味覚も堪能できるとあって、クチコミで評判を呼び、1日で1万人ほどの人が訪れています。

＼ おかいもの ／

新鮮でみずみずしい旬の野菜たち。なかなかスーパーではお目にかかれない品種も。

◎DATA／**開催日**：11月ごろ予定（開催日はWebサイトにて公開） **場所**：兵庫県篠山市河原町妻入商家群周辺 **アクセス**：JR「篠山口駅」より神姫グリーンバス（篠山営業所行）乗車、停留所「本篠山」下車すぐ（JR「篠山口駅」からレンタサイクル利用も可） www.sasayamarche.com

Market
15

OSAKA
Sakai-shi

Photo：宮濱

# 11月

大阪府
堺市

# 灯《とも》しびとの集《つど》い

## 全国から選りすぐりの作家約100組が出店

つくり手と使い手をつなぎ、クラフトや工芸を育むプラットフォームとなるべく、2009年から開催されているクラフトマーケット。陶磁、金属、漆、木工など約100組のブースが並びます。

全国から公募する出展作家は、幅広く活躍するデザイナーやショップオーナーたちの選考を通過した、いわば〝お墨付き〟の作家ばかり。倍率は年々高まり、狭き門をくぐり抜けた作家たちの作品は見ごたえ十分です。

◎DATA

**開催日時**：毎年11月に開催（開催日はWebサイトにて公開）　**場所**：大仙公園 催し広場　大阪府堺市堺区百舌鳥夕雲町　**アクセス**：JR阪和線「百舌鳥駅」より徒歩5分

http://tomoshibito.org/

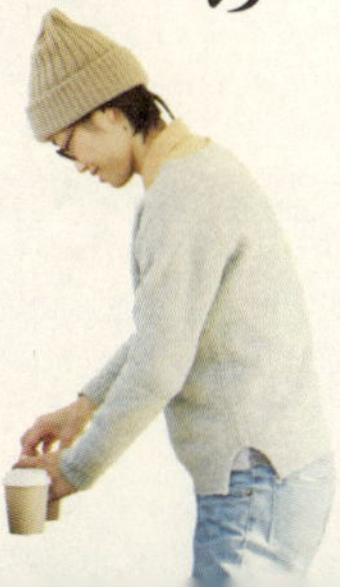

### おかいもの

「kino shoe works」の革靴や、山本拓也さんの白い器など、どれも長く使いたいものばかり。

天然酵母パン、自家焙煎のハンドドリップコーヒー、有機野菜を使ったお弁当など、体においしい飲食ブースも。

もみじ市（東京都）／P117

# 都道府県別索引

## 北海道



## 青森県



## 岩手県



## 宮城県



## 秋田県



## 山形県



## 福島県



## 茨城県



## 栃木県



## 群馬県



## 埼玉県



## 千葉県

## 神奈川県



## 新潟県



## 富山県



## 石川県



## 福井県



## 東京都

## 佐賀県



## 長崎県



## 宮崎県



## 沖縄県



## 岡山県



## 山口県



## 愛媛県



## 高知県



## 福岡県

豊国神社おもしろ市（京都府）／P133　Photo：吉田佐兵衛

# 市《いち》のおわりに

旬のおいしいものでお腹を満たし、
つくった人から〝とっておき〟のものとたくさんの言葉をもらって
「ここに来てよかった」とホクホクしながら家路につく。

すると、家に帰ってからも
手に入れた器や縁起物を見る度に、
そこで出会った人の顔がふと浮かびます。
最初は手にしたい〝もの〟が目的で足を運んだつもりが、
次は誰かとの再会をちょっと期待している自分がいたり。

1年に一度しかない「市」ならまた来年、
毎日立つ「市」ならまた明日。
カレンダーをめくりながら次の「市」が待ち遠しくなります。

本書で紹介した「市」は、ほんの一部にすぎません。
あなたのまちにはどんな「市」がありますか？
地元や旅先で「市」を見つけたらぜひ、立ち寄ってみてください。
本書がそのきっかけになることを願って。

タイムマシンラボ

**タイムマシンラボ**

書籍や雑誌の編集・執筆・企画・プロデュースを中心に活動する編集プロダクション。竹村真奈の主な著書に『サンリオデイズ』『魔女っ子デイズ』（BNN新社）、『ファンシーメイト』（ギャンビット）他多数、小西七重の著書に『箱覧会』（スモール出版）がある。
http://www.timemachinelabo.com/

**編著**　タイムマシンラボ

**企画・編集・文**　小西七重（タイムマシンラボ）
**編集協力**　竹村真奈（タイムマシンラボ）

**文**　佐藤恵美（P020-027、P034-039、P048-051、P070-071、P076-079、P087）
柿原優紀（P072-075）

**デザイン**　漆原悠一（tento）
中道陽平（tento）

**イラスト**　平山昌尚

**表紙写真**　竹村直也（Takemura Design and Planning）／日曜市（高知県）
**裏表紙写真**　宮濱／灯しびとの集い（大阪府）

**進行**　佐藤高広（萩原印刷株式会社）
**校閲**　株式会社アンデパンダン


# 市めくり

二〇一五年四月三〇日　初版発行

**発行人**◎今出 央
**編集人**◎稲盛有紀子
**発行所**◎株式会社京阪神エルマガジン社
〒五五〇-八五七五
大阪市西区江戸堀一-一〇-八
〇六-六四四六-七七一八（販売）
〒一〇四-〇〇六一
東京都中央区銀座一-七-一七
〇三-六二七三-七七二〇（編集）
www.Lmagazine.jp

**印刷・製本**◎萩原印刷株式会社




Printed in Japan
ISBN 978-4-87435-465-0 C0026